Katharina Rosenthal
Immer locker bleiben, Mama.

Impressum
Deutschsprachige Erstausgabe April 2021
Copyright © 2021 Katharina Rosenthal
Alle Rechte vorbehalten
Nachdruck, auch auszugsweise, nicht gestattet. Das Werk, einschließlich seiner Teile, ist urheberrechtlich geschützt. Jede Verwertung ist ohne Zustimmung des Verlages und des Autors unzulässig. Dies gilt insbesondere für die elektronische oder sonstige Vervielfältigung, Übersetzung, Verbreitung und öffentliche Zugänglichmachung.
Katharina Rosenthal wird vertreten durch:
Aurille Publishing, Katharina Dechant, Am Külzer Pfad 9, 55471 Kümbdchen, aurille.info@gmail.com
Covergestaltung und Satz: Katharina Netolitzky, www.katharina-netolitzky.com
Cover- und Innenillustrationen: Tatiana Kutasova
Lektorat: Martina Müller
1. Auflage

ISBN 978-9-40-364045-7

KATHARINA ROSENTHAL

IMMER LOCKER BLEIBEN, *Mama!*

Mit Achtsamkeit zu mehr Me Time,
Entspannung und Glück im Familienalltag

Für all die kleinen, großen, schlanken, kurvigen, müden, aufgedrehten, verzweifelten, aber auch lebensfrohen Mamas da draußen – ihr seid nicht alleine!

In Liebe für E.A.G.

Haftungsausschluss
Liebe Mamas,
bitte vergesst nicht: Das Absolvieren der in diesem Buch geschilderten Übungen oder der Umgang mit den Lebensmitteln erfolgt auf eigene Gefahr.

Grundsätzlich gilt: Ein Buch kann eine persönliche Beratung nicht ersetzen. Solltet ihr euch bei einer Übung unsicher sein, konsultiert unbedingt einen ausgebildeten Trainer. Vor Aufnahme des Trainings sollte ein Arzt zu Rate gezogen werden, insbesondere bei bekannten gesundheitlichen Einschränkungen. Treten während einer Übung Beschwerden auf, ist das Training abzubrechen und ein Arzt zu konsultieren.

Bedenkt außerdem: Die Übungsbeschreibungen sind mit großer Sorgfalt verfasst. Wir wollen unseren Mamas ausführliche, anschauliche und vor allem korrekte Übungsbeschreibungen liefern. Aber auch wir sind nicht frei von Fehlern. Es liegt deshalb in der Verantwortung der Nutzer, die von uns zur Verfügung gestellten Informationen auf ihre Richtigkeit hin zu überprüfen und entsprechend mit ihnen umzugehen.

Inhaltsverzeichnis

1. Einleitung 9

Die Stationen unserer Reise **12** • Ein Universum der Familie – ein neues Leben entsteht **14** • Zu hoher Stresslevel ist oft schwer erkennbar **17**

2. Das »Idealbild« einer Mutter 20

Das traditionelle Mutterbild **21** • Die selbstständige Karrierefrau **22** • Die Superwoman **23** • Ein alltäglicher Gedankensalat im Kopf einer Frau und Mutter **23**

3. Mental Load – die mentale Belastung 26

Mental Load – nur ein Trend oder das alltägliche Leben einer Mutter? **28** • Warum tritt der Mental Load überwiegend bei Frauen auf? **29** • Die unsichtbare Arbeit einer Mutter – die gesundheitlichen Auswirkungen **30** • Selbstreflexion und Erwartungen an sich selbst **33**

4. Stress – Auswirkungen auf den menschlichen Körper 36

Stress und Depressionen **39**

5. Mein Weg zur Achtsamkeit 42

Meine Quelle des Glücks **45**

6. Was ist Achtsamkeit? 47

Wie wirkt sich Achtsamkeit auf unser Leben aus? **49**

7. Der alltägliche Stress und wie Du damit umgehst 52

Test – Bewertung Deines Mental Load und des Stressniveaus **53** • Das Stresstagebuch **57** • Empfehlungen für die Führung eines Stresstagebuches **58** • Tagebuchanalyse **59** • Effektive Tipps zur Stressvermeidung **60** • Reflexionstechnik: Die Fragen an sich selbst **61**

8. Unsere Wahrnehmung – Kognitive Fähigkeiten 66

Wahrnehmung **67**

9. SOS – Entspannen im Alltag 72

Negative Gedanken loslassen **73** • Anpassung an eine neue Rolle **74** • Mittagsschlaf – der beste Energielieferant **74** • Einschlafritual für Mutter und Kind **76** • Tanz der Liebe **77** • **Weitere Tipps und Übungen für das alltägliche Leben 78** • 1. Gesundes Essen **78** • 2. Die entspannende Aromatherapie **79** • 3. Entspannende Atemtechniken **81** • 4. Übungen für den Nacken **85** • 5. Anti-Stress-Tipps für den Alltag **87**

10. Körperliches Bewusstsein: Du und Dein Körper 91

Warum ist Körperbewusstsein wichtig? 93 • Übung 1: Jede Zelle spüren **94** • Übung 2: Fantasiereise **95**

11. Zwei beste Freundinnen: Meditation und Achtsamkeit   97

Meditationsübungen für den Alltag 102 • 1. Volle Konzentration der Aufmerksamkeit auf eine Handlung **102** • 2. Slow Motion **103** • 3. Positive Wahrnehmung **104** • 4. Den Wald erleben! **105** • 5. Das Zusammenspiel: Emotionen – Körper – Wünsche – Gedanken **106** • 6. Meditation beim Essen **108** • 7. Das innere Lächeln **109** • 8. Meditation der Dankbarkeit **110** • **Gemeinsames Meditieren mit dem Kind 111** • 1. Die Melodie der Klangschale **111** • 2. Das Wort der Magie »OM« **112** • 3. Der kleine Springbrunnen **112** • 4. Einmal in die Karibik und zurück **113** • **Body Scan 114**

12. Sport als Stresskiller   118

Sport nach dem Kaiserschnitt **121** • Erholungsphasen nach der Geburt **122** • Welche Sportarten sind empfehlenswert? **123** • Sport und Stillen **123** • **Übungen für Bauch, Brust und Rücken 124** • Übungen für den Bauch **125** • Übungen für die Brust **127** • Übungen für den Rücken **130** • **Baby-Schwimmen 132** • **Fitnessübungen für zu Hause 134**

13. Yoga – die unsichtbare Kraft des Körpers   140

Yogaübungen mit dem Kind **143**

14. Progressive Muskelentspannung   150

Spannung vs. Entspannung **151** • Variation: Nur Entspannung **154** • Muskelentspannung auf Knopfdruck **155**

15. Tipps für die Erholung nach der Geburt und in der Elternzeit — 157

Bindegewebe stärken **158** • Bauch nach der Geburt: Und jetzt? **159** • Achtsame Momente – Haut- und Haarpflege nach der Schwangerschaft **161** • Gesund und lecker **166** • Bauchmassage **167** • Schlaflosigkeit **168** • Digital Detox **169** • Weg mit Schuldzuweisungen **169** • Neutralität bewahren **169** • Kopfschmerzen **170**

16. Hobby-Therapie: Wunderbare Hobbys zur Stressreduktion — 172

Handarbeiten **173** • Fotografieren **175** • Origami **175** • Hilfreiche Tipps zur Auswahl eines Hobbys **177** • Unsere Reise in das Reich der Achtsamkeit ist vorbei… **179**

Noch eine kleine Bitte — 182

1. Einleitung

1. Einleitung

»Wir entscheiden selbst, wie wir unser Leben erleben möchten. Es liegt in unserer Hand«.

Wenn Du in die Augen Deines Kindes schaust, was fühlst Du?

Eine innere Verbindung, die für die Ewigkeit hält?

Glück?

Geborgenheit?

Unendliche Mutterliebe?

Vielleicht auch Müdigkeit?
Fühlst Du Dich leer und ausgelaugt? Du hast ein schlechtes Gewissen, weil Du Dein Kind mehrmals angeschrien hast und es Dich heute nur noch nervt ...

Dass Du seit Wochen nur wenige Stunden Schlaf bekommst, interessiert keinen ...

Das Muttersein ist nicht einfach. Als zweifache Mutter kenne ich alle Höhen und Tiefen der Mutterschaft.

Nun hältst Du dieses Buch in der Hand. Viele Erwartungen, Gefühle, Hoffnung – ich kann Dich gut verstehen. Und ich verspreche Dir, dass es Dir nach diesem Buch besser gehen wird. Denn so wie es jetzt läuft, kann es einfach nicht weitergehen. Du brauchst Zeit für Dich. Die Zeit, um auch Deine Bedürfnisse zu erfüllen. Die Zeit für ein glückliches, wundervolles, einzigartiges Leben. Gemeinsam mit Deinem Kind.

1. Einleitung

Die heutige Zeit stellt viele Anforderungen an die Familien, vor allem an die Mütter. Die Gesellschaft verlangt uns viel ab. Eine große Anzahl der Mütter geht bereits nach einem Jahr der Erziehungszeit ihrem Beruf nach, oft aus finanziellen Gründen. Aber auch viele Tätigkeiten im Familienalltag, die von den Außenstehenden für selbstverständlich gehalten und nicht als »Arbeit« akzeptiert werden, zerren enorm an Kräften. Einkaufen, Kinderarzttermin, Babyschwimmen, Mutter-Kind-Gruppe, Spielplatz, waschen, kochen, putzen – die Liste ist lang. Oft hat man als Mutter das Gefühl, dass der Tag mehr als 24 Stunden hat und man abends vor Müdigkeit nur noch ins Bett fallen könnte. So ein Dauerzustand wirkt sich negativ auf unsere psychische und physische Gesundheit aus. Wir sind unausgeschlafen, übermüdet, gereizt – und die lange To-do-Liste beginnt täglich von vorn. Ein Kreislauf.

Ich möchte Dir helfen aus diesem Hamsterrad herauszukommen. Ja, ich habe es auch geschafft. Und glaube mir, es ist einfacher als Du denkst. Bereits die kleinsten Augenblicke am Tag können Dich in eine Welt der Zufriedenheit und des Glücks entführen. Ich zeige Dir, wie Du mithilfe von Achtsamkeit Dein Leben neu erlebst. Du lernst die schönen Momente des Lebens bewusst wahrzunehmen und zu schätzen. Die Achtsamkeit wird Dein Leben verändern. Denn die Entspannung, die Gelassenheit und das Glück beginnen in unserem Kopf.

Viele Studien aus dem Bereich der Neurowissenschaft konnten bestätigen, dass die Achtsamkeit unsere Psyche, unser Gehirn sowie unseren Körper positiv beeinflusst. Eine achtsame Lebensweise verändert die Strukturen des Gehirns, die für das Stressempfinden zuständig sind. Die Folge: Wir werden stressresistenter, gelassener und können mit den Herausforderungen im Alltag besser umgehen. Die Achtsamkeit hilft uns den Fokus auf unsere Innen- und Außenwelt zu richten, die Interaktion zwischen diesen zwei Welten zu spüren und sie richtig wahrzunehmen. Außerdem stärkt sie unsere Selbstwahrnehmung und verbessert unser Gedächtnis.

Lass uns gemeinsam auf eine Reise der Achtsamkeit gehen und wunderbare Dinge erleben.

Von Mensch zu Mensch, von Mutter zu Mutter.

Komm mit! Diese Reise könnte Dein Leben verändern!

Die Stationen unserer Reise

Unsere Reise geht in die große Welt der Achtsamkeit. Wir entdecken alle Sorgen, Aufgaben und Herausforderungen im Leben einer Mutter. Wir reisen zunächst in die Vergangenheit und schauen uns die Entwicklung der unterschiedlichen Mutterbilder an. Gemeinsam begeben wir uns auf die Spurensuche der Stressauslöser im Mutteralltag und eliminieren sie erfolgreich mithilfe unserer Superwaffe namens Achtsamkeit. Dich erwarten spannende Geschichten aus dem Familienalltag sowie viele Tipps und Empfehlungen. Du lernst zu reflektieren und die Erwartungen an Dich selbst richtig und proportioniert zu definieren. Deine Bedürfnisse und die Bedürfnisse Deines Kindes werden auf unserer spannenden Reise in Einklang gebracht.

1. Einleitung

Dich erwarten viele Fragen, auf die Du während unserer Reise die richtigen Antworten findest. Ein Leitfaden für ein Stresstagebuch hilft Dir die größten Stressfallen Deines Alltags zu entlarven und zu beseitigen. Mit einem Selbsttest kannst Du Deinen individuellen Stresslevel messen und aktiv dagegen steuern. So gewinnst Du mehr Zeit für Dich und für Dein Kind.

Ich zeige Dir Übungen, die Dich entspannt durch das Leben begleiten und Dir ein Wohlfühlgefühl bescheren. Du lernst Deinen Körper mit all seinen Bedürfnissen kennen. Deine Wahrnehmung wird geschärft. Von Kopf bis Fuß – Du nimmst jede Zelle Deines Körpers wahr. Wenn Du achtsam mit Dir umgehst, wirst Du bald merken, wie gut es Dir tut. Du wirst Dich ausgeglichener und wohler fühlen. Du wirst leistungsstärker und kannst mit dem Druck besser umgehen.

Auf unserer Reise tauchen wir ein in die Welt der Meditation, erleben tolle Fantasiereisen und angenehme Entspannungsübungen. Fühlst Du den Wind in Deinen Haaren? Kannst Du den Regen riechen? Spürst Du die warmen Sonnenstrahlen auf Deiner Haut? Du tankst neue Energie und Dein Bewusstsein wird deutlich gestärkt. Diese Reise wird Dein Denken und Deine Wahrnehmung verändern. Du kommst als stressresistenter, entspannter und glücklicher Mensch zu Deiner Familie zurück. Nach unserer Reise erlebst Du Deinen Alltag entspannter. Du meisterst alle Herausforderungen mit Bravour und kannst Dich auf die wichtigen Dinge des Lebens besser konzentrieren.

1. Einleitung

Ein Universum der Familie – ein neues Leben entsteht

»Jedermann wird zugestehen, dass der Mensch ein soziales Wesen ist« – das sagte bereits im 19. Jahrhundert Charles Robert Darwin, einer der bedeutendsten Naturwissenschaftler, der durch seine Evolutionstheorie weltbekannt wurde.

Du, ich und jeder Mensch, egal welcher Nation oder Religion, haben die gleichen Bedürfnisse. Wir wollen gesund und glücklich sein. Wir wollen lieben und geliebt werden. Jeder von uns braucht andere Menschen um sich – das erleichtert unser Leben und macht uns glücklich. An oberster Stelle der menschlichen Gesellschaft steht jedoch die Familie. Nirgendwo fühlen wir uns so wohl und sicher wie im Kreis unserer engsten Familienmitglieder. Die Familie gleicht einem Sonnensystem. Wie Planeten kreisen wir umeinander und ziehen uns gegenseitig an. In der Mitte ist die Sonne, die uns das Leben ermöglicht und ihre Wärme an uns weitergibt. Die Sonne ist wie ein Kind. Sie sorgt für die Existenz der Menschheit, gibt uns das Licht, berührt mit ihren warmen Sonnenstrahlen sanft unsere Haut und beschert uns Glücksgefühle.

Die Geburt eines Kindes ist wie eine kleine Sonneneruption, die in uns Ängste sowie Gefühlsschwankungen verursacht und die Atmosphäre verändern kann.

Wie wird das Leben mit einem Kind sein? Ist es möglich, die Bedürfnisse aller Familienangehörigen zu berücksichtigen, sodass alle zufrieden sind? Wie kann man eine gute Mutter oder ein guter Vater sein, ohne zu Helikoptereltern zu mutieren? Wie können wir eine Komfortzone aufbauen, wenn alle um uns herum der Meinung sind, sich in die Kindererziehung einmischen und mit vorgefertigten Tipps glänzen zu müssen? Muss man sich für immer von der gewohnten Lebensweise verabschieden? Diese und viele anderen Fragen beschäftigen die meisten bald werdenden Eltern. Und es ist gar nicht so einfach auf diese Fragen passende Antworten zu finden, denn jede Familie hat ihre eigene Atmosphäre und einzigartige Planeten mit individuellen Eigenschaften.

Ich glaube nicht, dass es Familien gibt, deren Leben sich mit der Geburt eines Kindes nicht verändert hat. Selbst wenn man sich an seine alte Lebensweise klammert und versucht das Kind an diese anzupassen, ist es unmöglich, die Veränderungen zu leugnen – zumindest auf der Gefühlsebene.

Die Geburt eines Kindes ist ein unglaubliches, verrücktes und einzigartiges Ereignis. Und obwohl es natürlich eine sehr persönliche Entscheidung ist, ob man ein Kind bekommen möchte oder nicht, gibt es meist entweder von der Gesellschaft im weitesten Sinne oder vom engeren Familienkreis Menschen, die einen belehren möchten. Unterschiedliche Erwartungen und Mythen sind der Hauptfeind eines jeden jungen Elternteils. *»Nun, Deinen Traum von der Weltreise kannst Du jetzt vergessen«, »Dreimonatskoliken, Zahnen und Trotzphasen – mit einem Kind wird Dir nie langweilig!«* All diese Aussagen bieten eine Grundlage für Ängste und Zweifel. Was aber keiner sagt, wie toll es ist, wenn das Kind Dich mit großen liebevollen Augen ansieht. Wie erfüllend es sein kann, wenn Du zum ersten Mal das Wort *»Mama«* hörst. Darüber redet kaum jemand.
Es ist wichtig zu verstehen, dass jedes Kind unterschiedlich ist. Das Schlafverhalten, die Intensität der Koliken und der

1. Einleitung

Zahnungsschmerzen sind bei jedem Kind verschieden. Auch jede Trotzphase verläuft individuell.

Natürlich verändert sich das Leben mit der Geburt des Kindes und selbstverständlich hat man als Familie einen anderen Tagesablauf. Warum wird es so oft als etwas Schlechtes dargestellt? Wenn man nun einen Film nicht am Stück anschauen kann, dann teilt man ihn auf zwei Abende auf. Schlecht ist es nicht, nur anders. Viele Eltern, die in ihrer Zweisamkeit begeisterte Partygänger waren, beschweren sich über den Mangel an Geselligkeit, vor allem im ersten Jahr nach der Geburt. Aber auch zu Hause kann man einen sehr tollen Abend mit leckerem Essen, schöner Musik oder einem interessanten Buch verbringen.

Das Leben mit einem Kind ist nicht immer einfach, aber die Ruhe, Geduld und eine achtsame Lebensweise helfen, alle Schwierigkeiten zu bewältigen. Es ist egal, wie viel Du über das Elternsein liest oder hörst, nach der Geburt des Kindes kommt definitiv eine große Welle neuer Gefühle und Gedanken. Wenn wir diese Veränderungen akzeptieren und bewusst die neue Situation wahrnehmen, dann steht einem glücklichen Leben nichts im Weg.

Nach der Geburt eines Kindes passiert etwas Interessantes: Man bekommt eine ganz besondere Gabe. Es eröffnet sich eine Art »drittes Auge«. Als Mutter stößt man auf die Tatsache, dass man ein Gefühl für jemanden absolut intuitiv spüren kann.

Wir haben eine bestimmte Vorstellung von der Welt, eigene Logik und den individuellen Menschenverstand. Wir wählen selbst unseren Partner, Beruf und unsere Freunde.

1. Einleitung

Aber wenn wir zum ersten Mal das eigene Kind sehen, werden wir von einer Lawine der Gefühle überrollt, die von Hormonen und dem mütterlichen Instinkt ausgelöst wird. Dabei hat man oft das Gefühl, dass die bisherige Lebensweise und die Gefühlslage sich enorm verändern.

In diesem Zustand beginnen wir, die Aspekte unseres Lebens auf eine völlig andere Art und Weise zu betrachten. Wir lernen, auf die intuitiven Gefühle zu hören, die alle Bereiche unseres Lebens betreffen – zwischenmenschliche Beziehungen, Berufsleben sowie unser Innenleben. Durch die Geburt des Kindes erhält der Körper eine Dosis Intuition und ermöglicht uns einen anderen Wahrnehmungslevel der Realität zu erreichen.

Leider geht diese intuitive und achtsame Wahrnehmung im Alltagsstress mit einem Baby und Kleinkind oft verloren. Wir fühlen uns im Alltag stark unter Druck gesetzt und sind überfordert. Dadurch leidet nicht nur unser körperliches, sondern auch seelisches Wohlbefinden.

Zu hoher Stresslevel ist oft schwer erkennbar

Vielen Müttern von Kleinkindern fällt es schwer, sich überhaupt entspannen zu können. Der Grund dafür ist oft nicht gleich erkennbar. Denn dauerhafte und zu hohe Anspannung im Alltag äußert sich bei jedem Menschen auf eine unterschiedliche Art und Weise. Jeder reagiert auf Stress mit an-

1. Einleitung

deren Symptomen. Manche bekommen Bauch- oder Kopfschmerzen, andere reagieren mit verändertem Essverhalten und Schlafstörungen. Auch Depressionen gehören zu den Erschöpfungssymptomen.

Ich glaube die Erschöpfungssymptome sind jedem bekannt. Wir laufen übermüdet wie Zombies durch das Leben und finden keine Ruhe. Bei Menschen ohne Kinder tritt dieser Zustand meist am Ende der Arbeitswoche auf und am Wochenende werden die Kraftreserven wieder aufgefüllt. Bei den Müttern hat der Ermüdungsprozess oft kein Ende und es gibt keine Möglichkeit zur Entspannung, auch am Wochenende nicht. Und so fühlen wir uns am Ende des Tages körperlich und emotional völlig ausgebrannt.

Um die Symptome zu vermeiden, ist es ratsam bereits im Vorfeld achtsamer zu sein und auf die innere und äußere Umwelt bewusst zu achten. So können viele Stresssituationen bereits im Keim erstickt werden. Du kannst rechtzeitig Deine Grenzen und Bedürfnisse wahrnehmen. Eine achtsame Lebensweise verhilft Dir zu mehr Selbstachtung. Durch Achtsamkeit erlangst Du mehr Konzentration auf Dich selbst, bessere Wahrnehmung sowie Sensibilisierung des eigenen Körpers auf innere und äußere Einflüsse. Dies ermöglicht Dir ein besseres Zusammenspiel zwischen Deinem Körper, Deiner Seele und der Umwelt.

Dieses Buch hilft Dir mittels Achtsamkeit Stresspotenziale bereits in der Anfangsphase zu erkennen, die Last der Alltagsaufgaben zu reduzieren und mit Herausforderungen entspannter umzugehen.

1. Einleitung

Ich wünsche Dir eine wunderschöne, lehrreiche Reise in die Welt der Achtsamkeit.

2. Das »Idealbild« einer Mutter

2. Das »Idealbild« einer Mutter

Im Laufe der Jahrhunderte hat sich das »Idealbild« der Mutter immer wieder verändert. Wenn wir an die Generation unserer Großmütter oder sogar unserer Mütter denken, dann merken wir schnell, dass eine moderne Mutter mit ganz anderen Situationen und Aufgaben konfrontiert ist. Um die Rolle der Mutter in der Gesellschaft genau zu verstehen, machen wir einen kleinen Ausflug in die Geschichte der Mutterbilder.

Das traditionelle Mutterbild

Die Hauptaufgabe der Frau basiert auf der biologischen Ebene – der Reproduktion. Diese Tatsache klingt unattraktiv, in unserer modernen Welt schon fast frauenfeindlich. Aber so hart wie es klingt, rein biologisch gesehen, ist eine Frau dazu da, um Kinder zu bekommen. Genauso wie ein Mann zum Zeugen der Kinder existiert. Die menschliche Reproduktion umfasst nicht nur biologische Aspekte, auch die gesellschaftlichen und kulturellen Gesichtspunkte gehören grundlegend dazu. Denn nach der Geburt wird das Kind sozialisiert, das heißt, es wird von den Eltern nach den Traditionen und der Kultur des jeweiligen Gesellschaftskreises erzogen.

Die Ära des »traditionellen« Mutterbildes begann in den 50er-Jahren des letzten Jahrhunderts. In der Gesellschaft und in den Medien wurde die Mutterrolle in den Fokus gestellt. Alle Frauen sollten Kinder bekommen und Mütter werden. Die Mutterschaft wurde als die einzige lebenserfüllende Aufgabe gesehen. Es wurde erwartet, dass die Frau ihren Beruf aufgibt, ihre Bedürfnisse zugunsten des Kindes in den Hintergrund stellt und sich ausschließlich der Erziehung und Betreuung des Kindes widmet.

2. Das »Idealbild« einer Mutter

Denn die Frauen sind von Natur aus empathisch, fürsorglich, emotional, zärtlich und liebevoll. Sie sind die idealen Lebensbegleiter für ein Kind. Die Rolle des Vaters wird in der finanziellen Versorgung und im Schutz der Familie gesehen und nicht in der Kindererziehung. Dies führt dazu, dass in der Gesellschaft und in den Familien patriarchalische Strukturen entstehen. Obwohl das Wohlergehen des Kindes und die Kindererziehung eine wichtige Rolle spielen, wird der Frau ein niedriger Status beigemessen. Denn sie ist nur eine Hausfrau und verdient kein Geld. Auch das äußere Erscheinungsbild der Frau soll so neutral wie möglich sein. Die Meinung in der Gesellschaft ist fest verankert: je sexuell attraktiver die Frau ist, desto schlechter ist sie als Mutter.

Die selbstständige Karrierefrau

Das Bild der traditionellen Mutter hielt sich mehrere Jahrzehnte, bis in den 70er-Jahren der Feminismus seine Blütezeit erlebte. Die Frauenbewegung bewirkte das Gegenteil. Die Bedürfnisse der Frau rücken nun in den Vordergrund, der alte Stereotyp wird gebrochen. Die »neue« Frau genießt die Selbstverwirklichung in allen Lebensbereichen: Ausbildung, Beruf und Sexualität. Sie strebt nach gesellschaftlichem Status, Macht, Unabhängigkeit und Erfolg. Die Kinder werden dabei als störend empfunden und werden daher in der Lebensplanung nicht berücksichtigt.

2. Das »Idealbild« einer Mutter

Die Superwoman

Das Idealbild der heutigen Zeit – die Superwoman. Mit ihren Superkräften schafft sie locker alles unter einen Hut zu bringen. Nicht wahr? Erfolgreiche Geschäftsfrau, attraktive Partnerin sowie eine perfekte Mutter, Hausfrau, Tochter und Freundin. Dieses Frauenbild wird uns überall vorgelebt. In den Zeitschriften, im Fernsehen, im Internet – die Superwoman ist überall. Kein Wunder, dass man sich als Frau und Mutter unter Druck fühlt, sobald nicht alles perfekt klappt.

Wir sind müde. Müde von all den Forderungen, die an uns gestellt werden. Müde von all den Gedanken, die in unserem Kopf schwirren. Wir werden auf allen Fronten gebraucht und versuchen das komplette Familienleben erfolgreich zu managen. Eigene Bedürfnisse werden dabei oft vergessen.

Ein alltäglicher Gedankensalat im Kopf einer Frau und Mutter:

»Wir haben kein Brot mehr zu Hause, auf dem Heimweg muss ich unbedingt einkaufen gehen. Und Milch brauchen wir auch. Lea passt kaum noch in ihre Windel hinein. Ich muss darauf achten, beim nächsten Einkauf die Windeln in einer größeren Größe zu kaufen. Was packe ich denn morgen dem Großen in die Brotdose ein? Die Erzieherin im Kindergarten hat sich letztens beschwert, dass ich Jonas zu wenig zu essen einpacke. Apropos Kindergarten, nächste Woche ist St. Martins Umzug. In den nächsten Tagen müssen wir unbedingt noch eine Laterne basteln. Am Samstag

2. Das »Idealbild« einer Mutter

muss ich noch einen Kuchen backen, denn die Schwiegereltern haben für Sonntag ihren Besuch angekündigt. Haben wir alle Zutaten für den Kuchen zu Hause? Ich muss mal in meinem Vorratsschrank nachschauen. Heute Abend wartet noch ein Berg von Klamotten auf der Couch, die gebügelt und in die Schränke eingeräumt werden müssen. Nachdem ich das Abendessen gekocht habe, werde ich mich darum kümmern. Hoffentlich hat die Kinderarztpraxis noch auf, dass ich für die nächsten Wochen einen Termin für die anstehende Untersuchung ausmachen kann. Hmmm, was koche ich denn heute zum Abendessen? Vielleicht Pasta? Wieder Pasta? Vielleicht Reis? Aber Jonas mag keine Reisgerichte. Ich könnte Bratkartoffeln machen. Genau, Kartoffeln! Also ich muss Brot, Milch und Kartoffeln kaufen. Brot, Milch, Kartoffeln! Merk dir das!«

Diese und tausend andere Gedanken drehen sich den ganzen Tag in den Köpfen der Mütter. Das »*Ich muss ...*« – begleitet uns tagtäglich. Diese innere Stimme hört für keine Minute auf. Ich nenne sie »*der unsichtbare Stresswurm*«. Mit ihm ist es schwer und ohne ihn auch. Er bohrt ständig in uns herum und bittet uns, Antworten auf wichtige Fragen zu finden, erinnert uns an Termine und animiert dazu, eine unendlich große Menge an Informationen über die Bedürfnisse jedes Familienmitgliedes zu verarbeiten. Er hilft uns zwar den Alltag erfolgreich zu überleben, verursacht aber einen enormen mentalen Stress. Die Fachleute sagen »Mental Load« dazu – harte und undankbare Arbeit, die für andere völlig unsichtbar ist, aber viel Kraft und Energie erfordert.

So ein Gedankenmarathon, der durch den »*unsichtbaren Stresswurm*« verursacht wird, ist schuld daran, warum wir Mütter nie zur Ruhe kommen. Die übermäßige geistige Arbeit treibt uns an unsere Grenzen. Denn niemand fühlt sich so verantwortlich für die Sauberkeit und Ordnung im Haus, für den Komfort und die Bedürfnisse der Familie wie wir. Diese regelmäßige psychische Belastung zerrt an unseren Nerven und macht uns auf Dauer krank.

Einige Menschen denken, dass Frauen sich selbst Probleme schaffen und Schwierigkeiten bereiten. Vielleicht ist auch etwas Wahres daran. Ich weiß es nicht. Ich kann nur aus eigener Erfahrung das bestätigen, was bereits viele Psychologen bestätigt haben: Die enorme Rollenvielfalt einer Mutter führt oft zur Überlastung. Denn sie ist zugleich eine Frau, eine Erzieherin, eine Lehrerin, eine Haushälterin, eine Köchin, ein Kindermädchen, eine Freundin und diese Liste kann weiter fortgesetzt werden. Manchmal merken wir gar nicht, wie viele Aufgaben wir tagtäglich übernehmen. Mir ging es genauso. Jeden Abend lag ich im Bett, schwere Müdigkeit erfüllte meinen Körper, mein Kopf zerbrach gefühlt in tausend kleine Stückchen und die Gedanken an den nächsten Tag bescherten mir noch mehr Kopfschmerzen.

3. Mental Load – die mentale Belastung

3. Mental Load – die mentale Belastung

Der Alltagsstress und die mentale Arbeitsbelastung beruhen auf der Beziehung zwischen den Anforderungen unserer Umwelt und der Verfügbarkeit von unseren zeitlichen und körperlichen Ressourcen, um diese Anforderungen zu erfüllen. In wissenschaftlichen Theorien zur mentalen Belastung werden diese Ressourcen als die Fähigkeit der Informationsverarbeitung, die zur Erfüllung einer bestimmten Aufgabe erforderlich ist, verstanden. Und die Anforderungen beziehen sich nicht nur auf die Bewältigung der Aufgabe, sondern auch auf die Lösungsstrategie, die Organisation und die Arbeitsbedingungen.

Die Theorien zur mentalen Belastung basieren auf Modellen, die Wechselwirkungen zwischen kognitiven und energetischen Prozessen beschreiben. Kognitive Prozesse wandeln sensorische Informationen mithilfe formaler und logischer Operationen in motorische Aktionen um. Die Energieprozesse regulieren dabei den Funktionszustand des Körpers und sorgen für die Aktivierung des kognitiven Systems, was indirekt die Transformation und Verarbeitung von Informationen beeinflusst.

Der Energiezustand des Körpers wird durch eine Reihe von Faktoren beeinflusst. Man unterscheidet zwischen den externen Umweltfaktoren wie Lärm, grellem Licht, Temperatur und internen Faktoren wie Schlaflosigkeit, schlechten Gewohnheiten und Müdigkeit. Sowohl externe als auch interne Faktoren beeinflussen direkt unseren Energiezustand und somit auch den Erfolgsgrad der Bewältigung von Aufgaben. Im Mutteralltag treffen wir ständig auf die internen und externen Faktoren, die eine negative Auswirkung auf den Energiezustand der Mutter haben. Die Reduktion dieser Faktoren kann durch eine achtsame Lebensweise, Entspannungsübungen sowie bessere Organisation des Alltags erreicht werden.

Mental Load – nur ein Trend oder das alltägliche Leben einer Mutter?

Dauerstress ist ein häufiger Begleiter des Mutteralltags. Trotz der modernen Gesellschaft, in der die Gleichberechtigung von Mann und Frau herrscht, fühlen sich vor allem die Mütter oft überfordert. Mentale Überlastung – so könnte man den Mental Load definieren. Tausende Gedanken, die die Mütter tagtäglich begleiten und psychischen sowie physischen Stress auslösen können.

Der Puls wird schneller, der Kopf raucht – den Überblick über alle Termine und Familienangelegenheiten zu behalten, macht die mentale Last immer schwerer. Zwar übernehmen Väter immer mehr Aufgaben im Alltag, der Gesamtüberblick lastet jedoch meist auf der Schulter der Frau. Neue Fußballschuhe, zu kleine Windel, keine Milch im Kühlschrank, das Geburtstagsgeschenk – viele kleine Dinge werden schnell zu einer großen Aufgaben-Lawine.

Des Weiteren sorgen die gesellschaftlichen Erwartungen für noch mehr Druck. Denn die moderne Frau sollte nicht nur die perfekte Hausfrau und Mutter sein. Nein, mit der Karriere sollte es auch klappen. Et voilà das mentale Überlastungspaket ist nun perfekt gefüllt. Selbst wenn die Frau Vollzeit arbeitet, verwendet sie täglich rund drei Stunden mehr für Kinder und Hausarbeit als ihr Partner, dies verdeutlich-

ten die Ergebnisse einer Studie des Deutschen Instituts für Wirtschaftsforschung*.
Leider steht das traditionelle Familienbild immer noch in den Köpfen vieler Menschen im Vordergrund. Die Frau ist für das Wohlergehen des Kindes zuständig, trotz eines Vollzeitjobs und der Mann übernimmt die meiste Verantwortung für die finanzielle Sicherheit der Familie und kann sich nicht um die Erziehung der Kinder kümmern. Es ist ein Märchen, denn die Väter sind selbstverständlich auch dazu in der Lage den Alltag mit einem Kind zu organisieren. Die veralteten Rollenmuster sollten langsam abgeworfen werden.

Warum tritt der Mental Load überwiegend bei Frauen auf?

Mental Load wird meist den Frauen zugeschrieben. Grundsätzlich gibt es folgende Gründe dafür:

1. Der Naturinstinkt der Frau ist verantwortlich für den Perfektionismus in Bezug auf den eigenen Nachwuchs. Das perfekte Outfit, das tollste Spielzeug, die beste Geburtstagsparty - kommt es Dir bekannt vor? Genau dieser Perfektionismus macht, uns Frauen, das Leben schwer. Einen Gang zurückschalten, lohnt sich.
2. »Im Einkaufsmarkt kenne ich mich besser aus. Mein Mann wird bestimmt die falsche Nudel-Packung mitnehmen und mit den Apfelsorten kennt er sich auch nicht aus!« - genau diese Gedanken habe ich sehr oft in meinem Kopf. Und so übernehme ich lieber alle Aufgaben, bevor etwas falsch gemacht wird.

---
*www.diw.de/de/diw_01.c.528162.de/themen_nachrichten/auch_in_doppelverdiensthaushalten_vollzeiterwerbstaetige_frauen_leisten_deutlich_mehr_hausarbeit_als_maenner_unterschiede_verringern_sich_kaum.html

3. Und zu guter Letzt, werfen wir mal einen Blick in die Vergangenheit. Als mein Vater von der Arbeit nach Hause kam, hat ihm meine Mutter eine perfekt aufgeräumte Wohnung präsentiert und leckeres Essen serviert, trotz des eigenen Jobs. Kein Wunder, dass diese Lebensweise sich auf mein Leben abgefärbt hat und ich dieses Verhalten nun auch bei mir entdecken kann. Diese Stereotypen ziehen sich oft durch mehrere Generationen durch und prägen die Rollen- und Aufgabenverteilung in der Familie.

Wenn ich mir diese drei Punkte genau anschaue, kann ich die Aussage, dass die Frauen an ihrem Mental Load selbst schuld sind, schon ein wenig verstehen. Was bedeutet das für unseren Alltag? Genau, wir sollten damit anfangen, den Männern mehr Vertrauen in Sachen Haushalt sowie Kinderbetreuung zu schenken und ihnen mehr Aufgaben übertragen.

Die unsichtbare Arbeit einer Mutter – die gesundheitlichen Auswirkungen

Ich glaube, jede Mutter weiß, wie viele Nerven der Alltag mit den Kindern kosten kann. Leider helfen die nützlichen Ratschläge von Omas und Freunden im Leben oft nicht weiter. Wenn man vor allem mehrere Kinder hat, der Mann für drei Tage auf einer Geschäftsreise ist und es in der Nähe kein Kindermädchen oder keine toughe Großmutter gibt. Genau in solchen Situationen standen auch mir oft die Haare zu Berge. Und so bleibt nichts anderes übrig, als sich in tausend kleine Stückchen zu zerteilen, um die unendlichen Aufgaben des

3. Mental Load – die mentale Belastung

Alltags zu bewältigen. Kochen, bügeln, staubsaugen – nicht nur die geistige Überlastung spielt eine Rolle, der enorme Stress hat auch eine große Auswirkung auf unseren Körper.

Unser Körper besitzt ein erstaunliches Erinnerungsvermögen – alle Erlebnisse und Empfindungen werden von ihm genau erfasst und gespeichert. Wie eine große Datenbank, auf die vor allem die Qualität der Daten eine Auswirkung hat. So wirken positive Emotionen wie Motivatoren und geben uns Kraft. Alle unangenehmen Dinge wie Anspannung, Stress oder Schmerzen werden ebenfalls in uns gespeichert und reduzieren unsere Akkuleistung enorm.

Hast Du auch das Gefühl, 24 Stunden am Tag unter Strom zu stehen? Viele Frauen fühlen sich mit der mütterlichen Arbeit überfordert. Auf Dauer kann so ein Zustand nicht gut sein und wird früher oder später Auswirkungen auf die Gesundheit haben.

Auch Wissenschaftler haben bestätigt, dass die riesige Aufgaben- und Gedankensammlung, die Mütter tagtäglich abarbeiten, oft unsichtbar und völlig unterschätzt bleibt. In der Tat unterstützen Männer ihre Frauen in der heutigen Zeit mehr als vor hundert Jahren. Die Unterstützung bezieht sich jedoch meist auf die Kinderbetreuung. Der mentale und emotionale Stress bleibt überwiegend an den Frauen hängen.

Immer daran zu denken, dass das Waschmittel nicht ausgeht, dass alle schmutzigen Kleidungsstücke in der Wäsche landen und es immer frische Handtücher gibt, aktiviert kognitive Prozesse und kostet uns viel wertvolle Energie. Vor allem der konstante Multitasking-Modus beeinflusst unsere

3. Mental Load – die mentale Belastung

geistige Gesundheit in negativer Art und Weise. Kommunikation und die Bewältigung aller Aufgaben, die den Kindergarten, die Schule, die Gesundheit und Pflege sowie die Bildung der Persönlichkeit des Kindes betreffen, gehören nach wie vor zu den mütterlichen Aufgaben. Die Mütter sind die ersten, die auf Kinderprobleme reagieren. Und genau das ist eine sehr harte Arbeit. Darüber hinaus fühlen sich die meisten Frauen für die Gesundheit und das emotionale Wohlbefinden des Kindes verantwortlich. Diese alleinige Verantwortung hat zufolge, dass die Frauen das Gefühl des Verlassens empfinden und eine geringe Zufriedenheit mit dem Leben, der Ehe oder der Beziehung zu Ihrem Partner aufweisen. Deshalb ist es enorm wichtig, dass die »unsichtbare« Arbeit bei der Aufteilung der Hausarbeit berücksichtigt wird. Wenn die Familie die wahre Verteilung der Arbeit im Haushalt erkennt, kann sie fundierter Entscheidungen darüber treffen, wie diese Belastung gerecht auf alle Familienmitglieder aufgeteilt werden kann. Und wie es so schön heißt, wenn es der Mutter gut geht, geht es dem Kind auch gut. Eine Mutter, die sich von der Familie emotional unterstützt fühlt, findet zusätzliche emotionale Ressourcen und Kraftreserven in sich selbst.

Psychologen und Kinderärzte sind sich einig, dass die Mutter in den Stresssituationen der größte Schutz für ihr Kind ist und die psychische Stabilität des Kindes gewährleisten kann. Wenn sich die Frau übermäßig für die unsichtbare Arbeit des Familienlebens und die Kindererziehung verantwortlich fühlt, kann dies das allgemeine Wohlbefinden von Mutter und Kind beeinträchtigen.
Wenn wir einen Gang zurückschalten, achtsam leben und bewusst auf unsere Bedürfnisse achten, erleben wir eine neue

Welle von Kraft und mentaler Fitness, die uns helfen, einfacher den Familienalltag zu managen.

Selbstreflexion und Erwartungen an sich selbst

Arbeit, Kinder, einkaufen, kochen: Eltern haben jeden Tag eine Fülle an Aufgaben, die erledigt werden müssen. Sie planen und organisieren viele Dinge im Hintergrund, jeden Tag, viele Stunden. Oft sind es Frauen, die diese Aufgaben übernehmen und meist sind das auch die Frauen, die unter dem psychischen Stress leiden.

Als ich noch die Eltern-Kind-Gruppe besucht habe, habe ich eine junge Frau kennengelernt. Theodora wirkte auf mich sehr motiviert. Immer hatte ich das Gefühl, dass sie ihren Alltag mit Job, Mann und Kind mit Leichtigkeit managt. Und immer wieder hatte ich ein schlechtes Gewissen, weil es bei mir nicht der Fall war.

Ich unterdrückte meine Gefühle, die mein Leben noch zusätzlich erschwert haben. Es kommt nicht selten vor, dass die Mütter ihre negativen Gedanken hinter einer Tür verschließen. Denn eine Mutter darf keine Schwäche zeigen. Eine Mutter muss immer für Ihr Kind da sein und für ein perfektes Familienleben sorgen. Eigene Bedürfnisse sollen dabei an der zweiten Stelle stehen – eine Denkkultur, die immer noch in unserer Gesellschaft herrscht. Stopp! An dieser Stelle möchte ich ein Wort hinzufügen: Diese Denkkultur herrscht in unserer *Ellenbogen-Gesellschaft*! Ein Widerspruch, der seinesgleichen sucht. Einerseits verschluckt der menschliche Egoismus unsere Welt, andererseits wird eine Mutter, die auch mal Ihren Hobbys und Bedürfnissen als ein eigenständiger Mensch nachgeht, oft als Rabenmutter bezeichnet. Und so unterdrücke ich meine Gefühle und versuche mich der Gesellschaft als eine perfekte Mutter zu zeigen.

Als unsere Tochter zwei Jahre alt war, fing ich wieder mit der Arbeit an, 20 Stunden pro Woche. Mein Mann hatte täglich einen acht- bis zehnstündigen Arbeitstag. Somit war ich diejenige, die vormittags arbeitete und bis zum Abend die Kinder versorgt hatte. Wie kam ich mit dem mentalen Stress zurecht? Gar nicht. Ich hielt irgendwie unser Leben am Laufen, wenn man so ein Leben überhaupt als Leben bezeichnen kann. Ich lebte nicht, ich funktionierte nur noch. Die Augenringe wurden immer größer und dunkler. Mein Mann unterstützte mich so gut er nur konnte. Als Familie fungierten wir zwar als ein kleiner Organismus. Doch der größte Teil des Mental Loads klebte fest an mir.

Durch meine perfektionistische Veranlagung habe ich schon immer zu hohe Ansprüche an mich selbst gestellt. Ich kenne mich als einen sehr motivierten Menschen und setzte mich oft selbst einem enormen Leistungsdruck aus. Ein kleiner Leistungsdruck ist zunächst nichts Schlechtes. Er spornt an und hilft uns bei der Bewältigung der Aufgaben. Nur wenn der Druck zu groß ist, entsteht ein negativer Stress, der uns überfordert. Genau so war es auch bei mir. Die Erwartungen, die ich an mich selbst gestellt habe, machten mich kaputt, ich versank immer mehr im Alltagsstress.
Jetzt weiß ich, wie wichtig es ist, dass wir unser Leben regelmäßig reflektieren. Was läuft gut? Was läuft nicht so gut?

3. Mental Load – die mentale Belastung

Wie kann ich mir meinen Alltag erleichtern? Diese Fragen sollte sich jeder von uns stellen. Eine achtsame Lebensweise hilft uns bei der Selbstreflexion und ermöglicht unsere Erwartungen an sich selbst zu optimieren.
Mit der Geburt des Kindes ändert sich das Leben einer Frau enorm. Es wird auf den Kopf gestellt. Die Mutter muss sich nun daran gewöhnen, dass sie nicht mehr nur für sich allein die Verantwortung trägt, sondern auch für ihr Kind. Die Last der Verantwortung, die Angst um das Baby, der monotone Alltag, der Mangel an Zeit und Energie für die eigenen Bedürfnisse und Interessen zerren an den Kräften und Nerven. Durch den, auch wenn nur vorübergehenden, Verlust des sozialen Lebens kommen die Einsamkeit und das Gefühl der Nutzlosigkeit zum Vorschein. Hinzu kommt der häufige Schlafmangel, die ständige Konzentration auf das Kind und die Unfähigkeit, sich bei Bedarf auszuruhen. Dies ist ein kleiner Teil der Probleme, mit denen eine junge Mutter konfrontiert ist. Es ist kein Wunder, dass selbst Frauen mit viel Enthusiasmus und Energie zugeben müssen, dass ihre Kraft zur Neige geht.

Das Baby spürt oft die Angst und Müdigkeit der Mutter, beginnt sich Sorgen zu machen und fordert noch mehr Aufmerksamkeit. Die Mutter wird davon noch müder und gereizter – es entsteht ein Teufelskreis. Wenn Du als Mutter ruhig bist, ist Dein Kind weniger launisch – der Kreis schließt sich auf eine positive Art und Weise. Daher ist es enorm wichtig, dass Du lernst, entspannt durch das Leben zu gehen. Die Müdigkeit hat viele Ursachen, aber es gibt glücklicherweise auch viele Möglichkeiten, sich zu erholen, sowohl körperlich als auch emotional und geistig. Die Achtsamkeit vereint alle drei Ebenen. Sie verhilft Dir zur körperlichen Entspannung, emotionaler Ausgeglichenheit und geistiger Zufriedenheit.

4. Stress – Auswirkungen auf den menschlichen Körper

4. Stress - Auswirkungen auf den menschlichen Körper

Stress – verursacht durch alltägliche Aufgaben, Konflikte und größere Verluste – kann sich bis an die Grenzen unseres Wohlbefindens ausdehnen. Wie wirkt sich Stress auf den menschlichen Körper aus? Welchen Schaden kann Stress anrichten? Diese Fragen beschäftigen bereits seit vielen Jahren die Wissenschaftler aus dem Bereich der Stressforschung. Stress ist eine psychologische und physiologische Reaktion unseres Körpers auf nachteilige Faktoren. Erkältung, Jobverlust, dauerhafte Überforderung im Alltag, Beziehungsprobleme sowie die Geburt eines Kindes sind mögliche Faktoren und Lebensereignisse, die sich negativ auf unsere Gesundheit auswirken können. Wissenschaftler haben nachgewiesen, dass Stress unterschiedliche Krankheiten verursachen kann. Wir alle wissen es bereits – und genau diese Tatsache und das Bewusstsein für den Zusammenhang zwischen Stress und Krankheit bieten einen zusätzlichen Nährboden für Angstzustände und verursachen in uns noch mehr Stress. Ein Kreislauf, der unbedingt durchbrochen werden muss.

Es gibt vier Arten von Stress, die sich unterschiedlich auf unser Wohlbefinden auswirken:

- **Psychologischer oder emotionaler Stress** ergibt sich aus starken positiven oder negativen Emotionen – Verlust eines geliebten Menschen, Scheidung, Geburt eines Kindes.
- **Physiologischer Stress** steht in Verbindung mit dem Einfluss äußerer Faktoren wie Durst, Hunger oder Schmerz.
- **Kurzfristiger Stress** wird als eine kurzfristige und natürliche Reaktion auf äußere Reize wahrgenommen wie zum Beispiel der Stau, übergelaufene Milch.

4. Stress - Auswirkungen auf den menschlichen Körper

- **Chronischer Stress** entsteht aus vielen regelmäßigen Stresssituationen. Meistens ist es unmöglich, ohne psychologische oder ärztliche Hilfe diesem Dauerzustand zu entkommen.

Nicht nur auf das körperliche Wohlbefinden, auch auf unsere Psyche hat Stress eine negative Auswirkung. Zu den auffälligsten Erscheinungsformen gehören:

- Vegetativ-vaskuläre Symptome wie Kopfschmerzen, Müdigkeit, Zittern, kalte Extremitäten (Gliedmaßen), Muskelverspannungen, vermehrtes Schwitzen oder Tachykardie (Herzrasen).
- Gewichtszunahme oder starker Gewichtsverlust.
- Magen-Darm-Störungen in Form von Koliken, Durchfall, Verstopfung, Übelkeit.
- Mögliche emotionale und kognitive Probleme wie Depressionen und Schlafstörungen.
- Krankheiten, die durch eine Abnahme der Immunität verursacht werden.

Treten die Symptome über einen längeren Zeitraum auf, können folgende Krankheiten auftreten:

- Bluthochdruck
- Gastritis (Magenschleimhautentzündung)
- Arrhythmie
- Herzinfarkt
- Reizdarmsyndrom
- Colitis ulcerosa (chronische Dickdarmentzündung)

Übermäßiger körperlicher und geistiger Stress kann auch unter anderem Probleme mit dem Aussehen verursachen –

Haarausfall, Psoriasis (Schuppenflechte), Akne, Verschlechterung des Hautzustandes sind die Folge.

Außerdem setzt die Leber in Stresssituationen erhöhte Mengen an Glukose in den Blutkreislauf frei. Wenn dieser Zustand über mehrere Monate anhält, kann sich Diabetes mellitus Typ-2 entwickeln.

Eine weitere Problematik, die besonders uns Frauen zu schaffen macht, ist die Gewichtszunahme. Stresshormone, die vom Körper in großen Mengen produziert werden, hemmen die Funktion der Zellen des Immunsystems und beeinflussen unseren Stoffwechsel. Infolgedessen gerät das Körpergewicht außer Kontrolle und es ist fast unmöglich, selbst mithilfe strenger Diäten wieder auf das Normalgewicht zu kommen. Unser Selbstwertgefühl leidet darunter, wir fühlen uns unattraktiv und verschließen uns in den eignen vier Wänden. Stress und Depressionen werden durch diese Verhaltensweise oft verstärkt und verschlimmern die Situation noch mehr.

Stress und Depressionen

Adrenalin und Kortisol – zwei wunderbare Hormone, die uns helfen, Herausforderungen des Lebens erfolgreich zu meistern. Leider nicht immer.

Adrenalin ermöglicht unserem Körper, falls nötig, zu kämpfen oder zu fliehen. Unser Puls steigt an, das Herz schlägt schneller und der erhöhte Blutdruck pumpt mehr Blut in unsere Muskeln. Das Problem dabei ist, dass bei Dauerstress viel zu viel Adrenalin im Blut verbleibt. Dies führt dazu, dass

4. Stress – Auswirkungen auf den menschlichen Körper

unser Immunsystem geschwächt wird und Schlaganfall sowie Herzinfarkt ausgelöst werden können. Zudem wird die Produktion des Glückshormons Serotonin gehemmt, wir sind unglücklich, gereizt und leiden an depressiven Verstimmungen. Die Folge: Unser Körper produziert noch mehr Stresshormone. Der Kreislauf beginnt von vorne.

Cortisol spielt eine wichtige Rolle im Zucker- sowie Eiweißstoffwechsel und sorgt dafür, dass in Stresssituationen der Blutzucker erhöht wird und unser Körper schnell auf die benötigte Energie zugreifen kann. Eine wichtige Funktion, die bei Gefahr das Leben retten kann. Unter Dauerstress steigt jedoch der Cortisolspiegel langfristig an. Dies führt dazu, dass die Muskelmasse abgebaut und das Immunsystem geschwächt wird. Zudem fördert Cortisol die Ansammlung von Bauchfett und die Expansion von Fettzellen, Fettleibigkeit und Diabetes sind oft die Folge.

Stresshormone haben eine enorme Auswirkung auf unseren Körper. So führt die regelmäßige Überanstrengung häufig zu Depressionen und Krankheiten. Stresshormone unterdrücken Stammzellen im Hippocampus. Infolgedessen werden Verbindungen zwischen Neuronen unterbrochen und der Prozess der Bildung neuer Neuronen wird gehemmt.

Es ist wissenschaftlich bewiesen, dass psychische Beschwerden verschiedene somatische (körperliche) Erkrankungen verursachen können. Aber auch schwere Krankheiten können die menschliche Psyche negativ beeinflussen und Stress verursachen.

Wenn Du folgende Regeln beachtest, kannst Du eine spürbare Stressreduktion erreichen:

4. Stress - Auswirkungen auf den menschlichen Körper

- Versuche, die Arbeits- und die Entspannungsphasen im Wechsel zu erleben. Plane Deinen Alltag genau und versuche den Plan auch einzuhalten.

- Schlafe mindestens 7 bis 8 Stunden am Tag. Mag sein, dass es sich banal und nach keinem guten Ratschlag anhört. Aber wie oft schauen wir, wenn die Kinder bereits schlafen noch eine Serie oder einen Film? Wie oft beschäftigen wir uns mit vermeintlich wichtigeren Dingen, die uns wortwörtlich um den Schlaf bringen?

- Nimm Dir Zeit für Mahlzeiten und esse nicht nebenbei und von unterwegs. Achte auf die ausreichende Wasserzufuhr.

- Versuche auf Alkohol und Rauchen zu verzichten. Vielleicht trifft dies gerade auf Dich nicht zu. Aber viele von uns, fangen mit dem Rauchen an, sobald sie abgestillt haben, um so ihrem Stress entgegenzuwirken. Paradox, denn gerade Rauchen, bewirkt das Gegenteil. Der Blutdruck steigt, der Herzschlag beschleunigt sich und Arterien verengen sich – genau dieselben Symptome wie bei Stress.

- Nimm Dir Zeit für Sport. Versuche Dich vom Alltag abzulenken, indem Du Freunde triffst und Spaziergänge in der Natur unternimmst.

- Versuche, Dich nicht auf Probleme zu konzentrieren und überdenke Deine Einstellung zu ihnen. Oft sind Probleme und Herausforderungen gar nicht so schlimm, wie sie auf den ersten Blick erscheinen.

5. Mein Weg zur Achtsamkeit

5. Mein Weg zur Achtsamkeit

Es war ein schöner Tag. Die Sonne schien, am blauen Himmel war keine einzige Wolke zu sehen. Ich machte einen Spaziergang an der frischen Luft, als ich eine gute Bekannte traf. Ich hatte keine Lust auf die Diskussion. Aber Susanne ist eine sehr gesprächige Person. So musste ich mich, trotz der Müdigkeit, auf ein Gespräch einlassen. Sie erzählte mir mit großer Begeisterung über ein absolviertes Training zum Thema »Mamaglück – ein erfülltes Familienleben«. Dann berichtete sie über die Wichtigkeit des eigenen Glücks, über Familiensendungen, Mama-Blogger und Familienpodcasts. Ich stand da, in meinem Kopf präsentierte sich ein großes Fragezeichen.

Warum fühlen sich denn so viele Frauen und Mütter überhaupt zutiefst unglücklich?

Irgendwas läuft doch in unserem Leben falsch. Wir suchen stets nach Energie in externen Quellen und machen unser Glück davon abhängig. Wäre es nicht besser in sich selbst das Glück zu finden und die reale Welt, die uns täglich umgibt als Energiequelle zu nutzen? Macht uns ein Podcast über das Familienglück tatsächlich glücklicher, als die leuchtenden Kinderaugen? Das Fragezeichen in meinem Kopf wurde immer größer.

Coachings und Seminare zum Thema »Familienglück« sind zurzeit absolut im Trend. Viele Frauen investieren ihre wertvolle Zeit in unzählige Seminarstunden und auf den Aufruf des Ehemanns zu einem gemeinsamen Spaziergang, kommt ein kühles *»Störe mich nicht, ich habe gerade ein Seminar zum Thema Familienglück«*. Ein Paradox. Oft habe ich das Gefühl, je mehr wir versuchen über das glückliche Familienleben und über die Kommunikation mit Kindern und Ehemann zu lernen, desto mehr entfernen wir uns von ihnen und gehen im tiefen Meer namens »Idealfamilie« unter. Gibt das uns wirklich Kraft? Oder ist das nur eine Illusion?

Meine Freundin redete weiter. Ich warf einen Blick auf meine Armbanduhr und versank weiterhin in meinen philosophischen Gedanken. Susanne schnappte nach Luft und empfahl mir, mich bei einer Muttercommunity zu registrieren. Ich versuchte ihr zu folgen. Ihre schnelle Erzählweise überforderte mich. Sie berichtete begeistert über die Funktionen und Möglichkeiten der Plattform: *»Fragen stellen, Freunde finden, kommunizieren, Zeit mit Gleichgesinnten verbringen! Die Community macht es möglich!«*

Sie holte Ihr Smartphone aus der Tasche, um mir die Funktionalität live zu präsentieren. Plötzlich wachte ihre kleine Tochter im Kinderwagen auf und fing an zu weinen. Meine Freundin verdrehte die Augen: *»Wie immer unpassend, einmal will ich etwas vorführen und nicht mal dazu habe ich die Möglichkeit!«*

Mir platzte der Kragen: *»Merkst Du eigentlich nicht, dass Dein Kind Dich um Aufmerksamkeit bittet? Du verbringst Zeit in einer parallelen Realität, holst Dir Tipps und Ratschläge zum Familienglück und wenn Dein Kind Deine Nähe braucht, hast Du keine Zeit dafür.«*

Sie wurde rot.

Und ich auch.

5. Mein Weg zur Achtsamkeit

Zu diesem Zeitpunkt war ich nicht viel besser als sie. Ich habe mir jeden Tag viel zu viel vorgenommen und mich auf unnötige Dinge konzentriert. Und genau dieser Moment öffnete mir die Augen. Wenn wir auf das Leben von einer anderen Perspektive schauen, sehen und verstehen wir oft mehr. Und ich habe in diesem Moment verstanden, wie wichtig es ist, achtsam zu leben, hier und jetzt zu leben und jede Minute des Lebens bewusst wahrzunehmen.

Das war vor einem Jahr.

Jetzt ist alles anders. Ich freue mich auf jeden Tag. Ich habe gelernt aus jedem positiven Moment Kraft zu tanken. Ich habe gelernt mein Leben zu genießen und jeden Sonnenaufgang mit einem Lächeln zu begrüßen.

Meine Quelle des Glücks

Noch vor ein paar Jahren war der Begriff der Achtsamkeit recht unbekannt. Dann kam die Zeit, in der jeder darüber gesprochen hat. Achtsamkeit im Beruf, Achtsamkeit im Familienleben, Achtsamkeit im Freundeskreis und beim Essen. In nahezu allen Bereichen wurde uns empfohlen achtsam zu leben. Auch ich als studierte Pädagogin und Psychologin kam selbstverständlich an diesem Trend nicht vorbei. Was Achtsamkeit bedeutet, war mir schon lange bekannt. Achtsam gelebt, habe ich jedoch nicht. In meinem Studium lernte ich viel über die menschliche Entwicklung, Wahrnehmung, Psyche und über das menschliche Verhalten. Nach dem Studium fand ich einen Job und kümmerte mich um meine Kinder. Die Vereinbarkeit zwischen Beruf und Familie stresste mich. Ich

5. Mein Weg zur Achtsamkeit

war froh, wenn jeder Tag vorbei war. Normal war dieser Zustand nicht. Ich wusste, dass etwas falsch läuft, hatte aber keine Zeit darüber nachzudenken. Der Alltag hatte mich fest im Griff und ich versank immer tiefer in meinem Mental Load. Die Achtsamkeit spielte damals in meinem Leben keine Rolle, bis zum Gespräch mit Susanne. Vielleicht war das Schicksal? Ich weiß es nicht. Aber dieses Treffen hat mein Leben verändert.

Als ich an diesem einen Tag nach Hause kam, habe ich geweint. Mein Leben wird sich ändern. Dieses Versprechen gab ich mir und meiner Familie.

Die Monate danach waren sehr intensiv, die Veränderung war deutlich zu spüren. Ich habe viele Bücher über Achtsamkeit gelesen, mit vielen Müttern gesprochen, mein Vorwissen aus dem Psychologiestudium mit neuen Erfahrungen verknüpft. Das alles half mir, ein neues Leben auf die Beine zu stellen. Nun stehe ich hier und kann mit gutem Gewissen behaupten, dass ich eine glückliche Frau, gute Mutter und attraktive Partnerin bin. Die Basis meines neuen ICHs ist die Achtsamkeit. Darauf baute ich mein neues und glückliches Leben auf.

6. Was ist Achtsamkeit?

6. Was ist Achtsamkeit?

Achtsamkeit beschreibt die Fähigkeit, im Hier und Jetzt zu leben und die Aufmerksamkeit auf jeden Moment des Seins zu lenken. Die Idee, durch eine zielgerichtete Aufmerksamkeit zu innerer Harmonie, Leichtigkeit und Glück zu gelangen, entstand bereits im alten Buddhismus. Diese Art der inneren Einstellung ist sehr nützlich für jeden Menschen. Wenn wir dem Stress nicht nachgeben, uns auf jeden neuen Tag freuen und das Leben genießen, sind wir in Harmonie mit uns selbst und mit unserer Umwelt. Immer mehr Menschen in unserer Gesellschaft klagen über chronischen Stress. Von morgens bis abends – jeder Tag ist durchgetaktet. Daher ist es enorm wichtig, sich die Zeit zu nehmen, seine Sinne für die besonderen Momente im Alltag zu schärfen. Bereits einige kurze Momente am Tag reichen, um sich zu besinnen und mit seinen Gedanken und Gefühlen in Kontakt zu treten.

Das Rauschen eines Sommerregens, die sanften Sonnenstrahlen auf der Haut, das Lächeln eines Kindes – bewundere Deine Umgebung bewusst, nehme die Schönheit des Lebens wahr. Das gibt Dir Kraft und motiviert dazu, alle Aufgaben und alltägliche Veränderungen problemlos zu bewältigen. Ja, die Veränderungen gehören zu unserem Leben. Jeder Tag ist wie kein anderer. Wenn wir diese Tatsache akzeptierten und aus jeder Veränderung Kraft schöpfen, dann leben wir einfacher. Es ist wichtig, dass wir lernen uns auf unser Leben zu konzentrieren und unsere Umgebung, Gefühle, Bedürfnisse und Wünsche wahrzunehmen. Unvorhergesehene Umstände und Probleme werden Dich nicht überraschen, weil Du Dir dessen bewusst bist. Atme durch, schalte einen Gang zurück und reflektiere das, was gerade passiert. Es hilft Dir dabei ruhiger zu werden, auf Details zu achten und Herausforderungen aus einem anderen Blickwinkel zu sehen.

6. Was ist Achtsamkeit?

Wie wirkt sich Achtsamkeit auf unser Leben aus?

Achtsamkeit ist in jedem Bereich unseres Lebens wichtig. Sie hilft uns den Alltagswahnsinn zu entschleunigen und zur Ruhe zu kommen. Doch besonders die frischgebackenen Mamas versuchen im Alltag genauso alles zu schaffen wie vor der Geburt des Kindes. Fehlende Pausen, kurze Nächte und ununterbrochene Müdigkeit werden dabei einfach ignoriert. Es wird weitergemacht, bis die Kräfte komplett versagen. Die Köpfe der Mütter sind voller Gedanken darüber, was noch getan werden muss: von den wichtigsten Dingen bis hin zu Kleinigkeiten wie das Aufräumen eines Spielzeugs, das bereits seit drei Tagen auf dem Boden liegt und es niemand zu bemerken scheint. Wir sorgen uns, überlegen, zweifeln, streiten, vergessen und erinnern uns wieder an alles was im Mama-Alltag noch ansteht. Und irgendwann mal steht uns das Wasser bis zum Hals. Eine Welle von Müdigkeit, Traurigkeit und Machtlosigkeit überrollt uns. Spätestens jetzt ist es höchste Zeit etwas dagegen zu tun.

Damit die Achtsamkeit ein Teil Deines Lebens wird, solltest Du diesen Zustand immer wieder aktiv hervorrufen. Lass es uns gleich versuchen. Konzentriere Dich auf Deine Atmung. Wenn Du das Gefühl hast, dass Deine Gedanken Dich vom gegenwärtigen Moment abbringen, beobachte ganz genau Dein Ein- und Ausatmen. Atme tief ein und vollständig aus, wiederhole diese Übung mehrmals. Merkst Du es? Bereits diese unscheinbare, achtsame Atemübung, macht Dich ruhiger. Wenn Du es schaffst die achtsame Lebensweise vollkommen in Dein Leiben zu integrieren, wirst Du gelassener, stressre-

6. Was ist Achtsamkeit?

sistenter und glücklicher. In diesem Buch erwarten Dich viele Achtsamkeits- und Meditationsübungen, die Dir helfen werden. Hier ein kleiner Vorgeschmack:

- Versuche tagsüber auf Geräusche des Alltags zu achten: das Geräusch des fließenden Wassers, des Zwitscherns der Vögel. Nimm die Stimmen Deiner Mitmenschen bewusst wahr.
- Treibe regelmäßig Sport. Achte dabei auf Deinen Körper und auf Deine Atmung.
- Lies motivierende Bücher über die Kraft des gegenwärtigen Augenblicks.
- Versuche bewusst die Stille zu hören.
- Achte auf Deine Umgebung mit allen Sinnen. Wie sehen die Pflanzen aus? Welche Form haben die Wolken? Genieße die unterschiedlichen Aromen der Jahreszeiten.
- Gönn Dir eine Tasse leckeren Kaffee. Atme tief ein. Spürst Du die Röstaromen der Kaffeebohnen?
- Spüre die Berührung des Windes und die Wärme der Sonne auf Deiner Haut.
- Beobachte Deine Hände, während Du die Hausarbeit erledigst oder Dein Kind umarmst.
- Ein positiver Start in den Tag erleichtert, motiviert und macht uns bereit für viele Aufgaben. Wenn Du Deinen Alltag bewusst wahrnimmst, werden viele Dinge sich von allein erledigen. Scheint draußen die Sonne? Dann gehe mit Deinem Kind spazieren. Du wirst merken, dass die Bewegung an der frischen Luft Dir Kraft gibt und Du danach fitter und leistungsstärker bist.

Für mich gehört Achtsamkeit zu Self-Care. Viele Menschen sorgen sich um andere, aber nicht um sich selbst, obwohl die

6. Was ist Achtsamkeit?

eigene Gesundheit die oberste Priorität haben sollte. Denn nur, wenn wir eine gute psychische und physische Gesundheit aufweisen, können wir uns um unsere Familie kümmern. Selbstachtung und Selbstliebe, die durch eine achtsame Lebensweise erreicht werden können, bieten die beste Möglichkeit unsere Gesundheit zu stärken. Wir erleben positive Gefühle, steigern unser Selbstvertrauen und verbessern unser Selbstwertgefühl. All diese Eigenschaften geben wir dann an unsere liebsten Menschen weiter. Setze dem alltäglichen Stress eine Grenze und achte bewusst auf die wunderbaren Augenblicke im Leben. Du musst keinen Spagat zwischen Deinen Bedürfnissen und den Bedürfnissen Deines Kindes machen. Nein. Ihr könnt gemeinsam Hand in Hand durch das Leben gehen und entspannt die schönsten Momente genießen.

7. Der alltägliche Stress und wie Du damit umgehst

7. Der alltägliche Stress und wie Du damit umgehst

Stress ist eine ernste Sache und darf nicht unterschätzt werden. Den Schätzungen zu folge leidet etwa die Hälfte aller Menschen regelmäßig unter Stresssituationen. In Zeiten der Digitalisierung und des Multitaskings ist es gar nicht so einfach los zu lassen und zu entspannen. Dabei spielt nicht der Stress eine Rolle, sondern die Reaktion darauf. Jeder Mensch erlebt in seinem Leben Stress. Es ist normal und kann sogar sehr förderlich sein, bis zu dem Moment, in dem es unkontrollierbar und chronisch wird. Der folgende Test hilft Dir Dein Mental Load und Stressniveau zu ermitteln.

Test – Bewertung Deines Mental Load und des Stressniveaus

Dieser Test hilft Dir Deinen Allgemeinzustand zu beurteilen. Lies Dir die Fragen aufmerksam durch und versuche diese gewissenhaft zu beantworten. Es gibt folgende acht Antwortmöglichkeiten:

Niemals = 1 Punkt
Äußerst selten = 2 Punkte
Sehr selten = 3 Punkte
Selten = 4 Punkte
Manchmal = 5 Punkte
Oft = 6 Punkte
Sehr oft = 7 Punkte
Ständig = 8 Punkte

7. Der alltägliche Stress und wie Du damit umgehst

Beantworte diese Fragen und notiere Dir jeweils die Punktzahl:	Punkte zu Beginn des Buchs:	Punkte nach Ende des Buchs:
Ich bin angespannt und fühle mich gestresst.		
Ich habe einen Kloß im Hals und leide an Mundtrockenheit.		
Den Familienalltag empfinde ich als sehr anstrengend.		
Ich fühle mich für das Wohlergehen der Familie zuständig.		
Ich fühle mich überarbeitet und habe keine Zeit für mich.		
Ich esse zu schnell und kann kaum meine Mahlzeit genießen.		
Ich denke immer wieder über alle Aufgaben nach. Meine Gedanken wiederholen sich ständig.		
Ich sehne mich nach mehr Freizeit und Entspannung.		
Ich fühle mich einsam, isoliert und nicht verstanden.		

7. Der alltägliche Stress und wie Du damit umgehst

Ich leide an körperlichen Beschwerden wie Kopf- und Rückenschmerzen, angespannte Nackenmuskeln und Magenkrämpfe.		
Ich fühle mich müde.		
Ich kann ohne ersichtlichen Grund anfangen zu weinen.		
Es fällt mir schwer zu atmen und ich habe Atemaussetzer.		
Ich erschrecke mich leicht. Unerwartete Geräusche lassen mich zusammenzucken.		
Ich fühle mich von meiner Familie genervt.		
Ich habe Verdauungs- und Darmprobleme (Schmerzen, Koliken, Verstimmung oder Verstopfung).		
Ich sehe müde aus und habe Augenringe.		
Ich bin gereizt und unruhig.		
Es fällt mir schwer, meine Handlungen, Emotionen oder Gesten zu kontrollieren.		

7. Der alltägliche Stress und wie Du damit umgehst

Mein Körper ist stets in Alarmbereitschaft. Ich muss mich ständig bewegen und kann nicht auf einer Stelle bleiben.		
Meine Schultern fühlen sich schwer an.		
Ich brauche mehr als eine halbe Stunde zum Einschlafen.		
Ich bekomme zu wenig Unterstützung.		
Ich vergesse wichtige Termine.		
Mir ist warm und kalt im Wechsel.		
Nun kannst Du alle Deine gesammelten Punkte zusammenzählen und Dein Stressniveau ermitteln:		

Bewertungsskala:
50 -119 Punkte – *geringes Stressniveau*
120-144 Punkte – *durchschnittliches Stressniveau*
145 Punkte oder mehr – *hohes Stressniveau*

Notiere die erreichte Punkteanzahl und Dein Stressniveau, damit Du diese zu einem späteren Zeitpunkt vergleichen und Deine persönliche Entwicklung beobachten kannst.

7. Der alltägliche Stress und wie Du damit umgehst

Das Stresstagebuch

Der mentale Stress kann jederzeit auftreten. Auf der Arbeit, im Privatleben sowie im Familienalltag und selbstverständlich in deren Kombination. Stress kann viele psychische und gesundheitliche Probleme verursachen, wenn er nicht rechtzeitig erkannt wird. Um den Stress effektiv bekämpfen zu können, müssen Stresssituationen richtig identifiziert werden. Denn es gibt auch versteckte Stresssituationen, die auf den ersten Blick nicht erkannt werden und doch eine negative Auswirkung haben.

An dieser Stelle kann ein Stresstagebuch gute Dienste leisten. Es kann Dir helfen, die Ursachen von Stress und Angstzuständen zu verstehen und Strategien zu entwickeln, um diese zu überwinden. Die Idee eines Stresstagebuches ist es, regelmäßig Informationen über Situationen zu erfassen, die negative und unangenehme Emotionen in Dir auslösen. Dies ist wichtig, weil sie oft unsere Aufmerksamkeit auf sich ziehen. Ein Stresstagebuch kann Dir helfen, folgendes zu verstehen:

- Die Gründe für Stress und Anspannung liegen oft in kleinen Details, die zunächst nicht als Stresstreiber erkannt werden.
- Bei einem bestimmten Druckniveau kannst Du effektiv arbeiten, ohne in einen Stressmodus zu verfallen.
- Du bist in der Lage, eine Strategie zur Stressbewältigung zu entwickeln und stressresistenter zu leben.

7. Der alltägliche Stress und wie Du damit umgehst

Empfehlungen für die Führung eines Stresstagebuches

Notiere Dir bei jedem Tagebucheintrag folgende Informationen:

- Datum und Uhrzeit des Tagebucheintrags.
- Das stressigste Ereignis, das Dir an diesem Tag passiert ist.
- Wie glücklich bist Du jetzt? Versuche die Lage Deines Glücksgefühls auf einer Skala von 1 bis 10 zu beschreiben. Dabei entspricht die Zahl 1 dem Zustand »sehr unglücklich« und die Zahl 10 beschreibt eine sehr glückliche Gefühlslage. Versuche in den Eintrag auch Deine Stimmung und die Emotionen, die Du gerade erlebst, zu beschreiben.
- Wie effizient kannst Du in einer Stresssituation eine Aufgabe erledigen (1 = ineffizient; 10 = sehr effizient)?
- Was war die Ursache für den Stress? Nimm Dir Zeit und denke genau über diese Stresssituation nach.
- Achte dabei auf Deine Gefühle. Was fühlst Du? Hast Du eine schnelle Herzfrequenz, Kopfschmerzen, feuchte Handflächen oder vielleicht ein schlechtes Gewissen?
- Wie hast Du Dich in der Stresssituation verhalten? Wie bist Du damit umgegangen? Konntest Du das Problem lösen oder hast Du es nur verschlimmert?

Tagebuchanalyse

Ich empfehle Dir das Stresstagebuch einen Monat, jedoch mindestens eine Woche lang zu führen. So kannst Du die Inhalte gut und zuverlässig analysieren.

Und so wertest Du Deine Einträge aus:

- Berücksichtige alle aufgezeichneten Stresssituationen, markiere dabei die häufigsten und destruktivsten Situationen im Alltag.
- Analysiere und bewerte alle Situationen. Notiere die häufigste Ursache für Stress. Mit welchen Situationen konntest Du am besten umgehen? Bei welchen Situationen bist Du an Deine Grenzen gestoßen? Warum? Was hast Du dabei gefühlt?
- Analysiere die Ursachen von Stress in verschiedenen Situationen. Überlege, wie Du mit diesen Situationen beim nächsten Mal besser umgehen könntest.

Die Tagebuchanalyse gibt uns eine gute Möglichkeit, sich einen allgemeinen Überblick über die Lebenssituation zu verschaffen. Oft denken wir, dass in unserem Leben viele Gründe für Stress existieren. Wenn Du jedoch Dein Tagebuch genau analysierst, wirst Du höchstwahrscheinlich feststellen, dass alles halb so schlimm ist. Diese Erkenntnis wird Dein Selbstvertrauen stärken. Du lernst mit den Problemen achtsamer umzugehen, diese leichter zu bewältigen und die Kontrolle über Stresssituationen zu übernehmen. Das Führen eines Tagebuches kann Dir helfen, zu verstehen, welche Situationen oder Personen in Dir das Stressgefühl verursachen.

7. Der alltägliche Stress und wie Du damit umgehst

Wenn es an bestimmten Menschen liegt, versuche Deine Kommunikationsfähigkeit zu verbessern und die Probleme offen anzusprechen. Auch eine gute Organisation des Alltages und ein durchdachtes Zeitmanagement können helfen, dass viele Probleme erst gar nicht entstehen.

Effektive Tipps zur Stressvermeidung

An dieser Stelle möchte ich Dir einige einfache und effektive Tipps geben, mit denen Du erlernen kannst den Stress zu kontrollieren:

- Achte, dass Du genug Schlaf bekommst. Ich weiß, es ist mit einem kleinen Kind nicht einfach. Nutze jedoch jede Möglichkeit, um Dich auszuruhen. Macht Dein Kind ein Mittagsschlaf? Dann lege Dich auch hin und schlafe eine Runde mit. Das ist nicht nur so daher gesagt und kein Scherz – nutze jede Möglichkeit Schlaf nachzuholen!
- Versuche täglich zu meditieren. Bereits ein paar Minuten Meditation reichen aus, um Kraft zu tanken.
- Finde eine Beschäftigung, die Dir Spaß macht. Malen, stricken, lesen, fotografieren – all diese Dinge lassen uns die Alltagssorgen vergessen. Es ist unmöglich, gleichzeitig Vergnügen und Stress zu erleben. Je mehr Du das Leben genießt, desto besser und schneller erholt sich Deine Psyche.
- Räume das Chaos auf. Die Unordnung auf Deinem Schreibtisch und in Deiner Wohnung verwirrt die Gedanken und hindert Dich daran, klar zu denken.

- Wenn Du eine Aufgabe hast, die in einer Minute oder weniger erledigt werden kann, erledige diese sofort ohne zu zögern.
- Mach eins nach dem anderen. Konsistenz ist ein wahrer Stresskiller, weil sie Ordnung in den Kopf und das Nervensystem bringt.

Stress kann zu sehr unangenehmen Folgen führen: schlechte Gesundheit, Depressionen und ein völliges emotionales Ungleichgewicht. Wenn Du ein Stresstagebuch führst, kannst Du die Ursachen identifizieren und lernen, mit ihnen umzugehen. Gehe achtsam mit dem Stress um. Nach einer Weile wirst Du lernen damit besser umzugehen.

Reflexionstechnik: Die Fragen an sich selbst

Oft akzeptieren wir den Stress und versuchen erst gar nicht nach Ursachen zu suchen. Wir ignorieren die möglichen Folgen und nehmen die Situation auf die leichte Schulter. *»Ich habe zurzeit viel Stress, das geht schon bald vorbei«, »Ich mache mir einfach wegen jeder Kleinigkeit Sorgen, deshalb fühle ich mich so.«* Solche Ausreden kennt jeder von uns. Jedoch beschreiben wir damit keine Ursachen, sondern bereits die anfänglichen Symptome.

Du kannst dem Stress auf die Spur kommen, indem Du Dir selbst bestimmte Fragen stellst und diese ehrlich beantwortest. Diese Reflexionstechnik ist sehr effektiv und zielt im

7. Der alltägliche Stress und wie Du damit umgehst

Wesentlichen darauf ab, Stressoren zu identifizieren und sie loszuwerden.

1. Gibt es externe Stressfaktoren in Deinem Umfeld?

Schau Dir Deine Umgebung genau an:

- Gibt es Dinge in Deiner Wohnung, die Dich stören oder negative Gefühle verursachen?
- Setzen Dich Menschen, mit denen Du oft kommunizierst unter Druck?
- Wie zufrieden bist Du mit der Situation, in der Du Dich aktuell befindest?
- Was gefällt Dir an Deiner Lebensweise nicht? Achte dabei auch auf solche Dinge wie Essen, Sport, Tagesrhythmus, Verantwortlichkeiten.
- Es ist auch wichtig zu verstehen, ab welchem Zeitpunkt in Deinem Leben Du unter starkem Stress leidest. Es gibt sicherlich einen klaren Grund dafür.

2. Beziehen sich diese externen Faktoren auf Beziehungen zu anderen Menschen?

Wenn ja, aus welchem Bereich Deines Lebens stammen diese Menschen? Kommen sie aus Deinem beruflichen, familiären, persönlichen Bereich? Was stört Dich genau an der Beziehung bzw. an ihrem Verhalten? Wie kannst Du diese Beziehung verbessern? Oft hilft ein ehrliches und offenes Gespräch.

3. Deine To-do-Liste kennt kein Ende? Was ärgert Dich am meisten, wenn Du Deine Aufgabenliste ansiehst?

Stress entsteht oft durch Zeitdruck. Wenn Du feststellst, dass es zu viel Arbeit gibt und Du keine Zeit hast, diese rechtzeitig zu erledigen, steigt eine große innere Spannung auf. Gefällt es Dir nicht, dass zu viele Aufgaben auf der Liste stehen? Dann Schluss damit! Betrachte Deine To-do-Liste kritisch und treffe die Entscheidung, die drei wichtigsten Aufgaben zu erledigen. Der Rest kann warten.

4. Kommt Stress hauptsächlich von innen oder von außen?

Achte auf Dein Stressempfinden.

- Kommt der Druck von innerlichen oder äußerlichen Einflüssen?
- Gibt es interne Konflikte und Widersprüche?
- Stellst Du vielleicht unrealistische Anforderungen an Dich selbst und katapultierst Du Dich selbst in eine Stresssituation?
- Hast Du Konflikte, die Dich belasten?
- Versuche alle Stressquellen zu identifizieren und zu benennen.

5. Fühlst Du Dich für Dinge verantwortlich, die außerhalb Deiner Macht liegen?

Erstelle eine Liste von Dingen, die außerhalb Deiner Kontrolle liegen und Stress verursachen. Was stresst Dich am meisten? Kannst Du es tatsächlich beeinflussen? Du kannst es nicht verändern? Dann lass es los!

6. Hast Du das Gefühl, dass Du keine Kontrolle mehr über Dein Leben hast?

Wenn ein Mensch das Gefühl hat, keine Kontrolle über sein Leben zu haben, wird er depressiv. Daher musst Du unbedingt die Kontrolle zurückerobern. Ein Überblick über die anstehenden Aufgaben und gegenseitige Unterstützung in der Familie können Wunder bewirken.

7. Was genau macht Dich gelassener, glücklicher und energiegeladener?

Lieblingsmusik? Ein Spaziergang im Park? Ein Buch lesen oder vielleicht einfach im Bett liegen und eine Liebeskomödie anschauen? Erstelle eine Liste, hänge diese an einer sichtbaren Stelle auf und versuche pro Tag wenigstens einen Punkt von dieser Liste zu erledigen.

8. Was saugt Dir die meiste Energie aus?

Angenommen, es ist erst 14:00 Uhr und Du fühlst Dich bereits schon jetzt wie eine ausgedrückte Zitrone. Wie konnte das passieren? Nimm ein Notizbuch und schreibe alles auf, was Du an diesem Tag erledigt hast. Was hat Dich die meiste Energie gekostet?

7. Der alltägliche Stress und wie Du damit umgehst

Stress ist zu einem festen Bestandteil unseres Lebens geworden: endlose Staus, Probleme bei der Arbeit, instabile wirtschaftliche Situation usw. Wir gewöhnen uns an Stress, halten ihn oft für unvermeidlich und normal. In der Zwischenzeit macht uns Stress gereizt, nervös, vergesslich, ängstlich und unaufmerksam gegenüber geliebten Menschen. Darüber hinaus führt chronischer Stress zu einer Vielzahl von Gesundheitsproblemen – Depressionen, Schlaflosigkeit, verminderter Immunität, Magen-Darm-Problemen, Herz-Kreislauf-Erkrankungen sowie Fettleibigkeit und schließlich trägt Stress auch zum schnelleren Altern bei. Vor allem für junge Mütter, die sich noch gleichzeitig um ein kleines Kind oder gar Baby sorgen müssen, kann der Alltag enorme Schwierigkeiten bereiten.

Wir können zwar die Probleme, die Stress verursachen, nicht vermeiden, aber wir können lernen, mit der Reaktion unseres Körpers auf Stress umzugehen. Es wird nicht möglich sein, von einem auf den anderen Tag stressresistenter zu werden. Aber durch eine achtsame Lebensweise ist es möglich diese Fähigkeit zu entwickeln.

Unsere Reise geht weiter. In den nächsten Kapiteln zeige ich Dir tolle Übungen und gebe Dir viele Tipps, wie Du Deinen persönlichen Weg finden kannst, um achtsam und entspannt zu leben und erfolgreich den Alltagsstress abzubauen.

8. Unsere Wahrnehmung – Kognitive Fähigkeiten

8. Unsere Wahrnehmung - Kognitive Fähigkeiten

Nun wissen wir, dass Stress und zu viele Alltagssorgen nicht gut für unsere Gesundheit sind. Das heißt, dass Deine primäre Aufgabe sein sollte, dem Stress entgegenzuwirken. Es wäre schön, wenn man einen Zauberstab hätte und mit einem Schwung die ganze Hektik des Alltags verschwinden lassen könnte. Leider haben wir keinen Zauberstab und auch keinen Magier, der uns alle Wünsche erfüllt und uns ein sorgenfreies Leben beschert. Wir sind jedoch in der Lage mit unserer Einstellung, Wahrnehmung und einigen Übungen stressresistenter zu werden.

Es gibt viele Achtsamkeits- und Meditationsübungen, die Dir helfen zu entspannen und Dein Stressniveau zu reduzieren. Sie haben eine positive Auswirkung auf Deine psychische und physische Gesundheit und tragen zu einem entspannten Umgang mit Deinem Kind bei.

Bevor ich Dich mit diesen Übungen bekanntmache, sollten wir zunächst unsere Wahrnehmung unter die Lupe nehmen.

Wahrnehmung

Als Wahrnehmung wird die Fähigkeit bezeichnet, die uns hilft die Reize um uns herum zu interpretieren. Sie ist eine grundlegende Fähigkeit, die für tägliche Aktivitäten erforderlich ist und die uns hilft, mit der Umwelt zu interagieren und unseren Körper zu regulieren. Die Wahrnehmung ermöglicht uns, die Informationen, die wir von unseren Sinnen erhalten, gemäß unserem Wissen über die Welt zu identifizieren und ihnen einen Sinn zu geben. Wahrnehmung ist ein Prozess, der über unterschiedliche Sinne wie Sehen, Hören, Tasten, Riechen und

8. Unsere Wahrnehmung - Kognitive Fähigkeiten

Schmecken abläuft. Unser Gehirn fasst all diese Informationen zusammen und gibt ihnen eine bestimmte Bedeutung. Die assoziativen Regionen des Gehirns sind für die Integration von Informationen verantwortlich, die von verschiedenen Sinnesorganen wahrgenommen werden, sodass wir unabhängig vom stimulierten Sinnesorgan effektiv mit externen Reizen interagieren können. Damit der Wahrnehmungsprozess korrekt durchgeführt werden kann, ist ein Prozess der Transformation und des Verständnisses der erhaltenen Informationen erforderlich.

Sobald Du Dich und Deine Umgebung bewusst wahrnimmst, wirst Du schnell erkennen, dass die Informationen über verschiedene Wahrnehmungskanäle fließen. Wenn ein Kind auf die Welt kommt, macht uns der süßliche Duft seiner Haut glücklich. Unsere räumliche Wahrnehmung ermöglicht uns das Tanzen im Wohnzimmer. Und wenn das Kind einmal hinfällt scannen wir mit unserem mütterlichen Blick den Körper auf mögliche Verletzungen ab. All diese Fähigkeiten haben wir nur unserer Wahrnehmung zu verdanken.

Das sind die wichtigsten Wahrnehmungskanäle der Menschen:

Räumliche Wahrnehmung

Die Fähigkeit, sich der Interaktion mit dem Raum um uns herum bewusst zu sein. Zum Beispiel ermöglicht uns die räumliche Wahrnehmung beim Autofahren, auf der richtigen Spur zu bleiben und einen sicheren Abstand zu anderen Fahrzeugen zu halten. Beim Spielen mit dem Kind können wir dank der räumlichen Wahrnehmung verstehen, wie wir die Hände bewegen müssen.

Visuelle Wahrnehmung

Die Fähigkeit, die Informationen aus dem sichtbaren Spektrum unserer Augen zu interpretieren. Eine gute visuelle Wahrnehmung ist für jede Aktivität unerlässlich, bei der wir visuelles Feedback erhalten – zum Beispiel beim Lesen, Fahren, Schreiben oder Kochen. Diese kognitive Fähigkeit kann durch visuelle Aufgaben und Übungen gestärkt werden.

Visueller Scan

Die Fähigkeit, wichtige Informationen in unserer Umgebung schnell und effizient zu finden. Wir verwenden visuelles Scannen, wenn wir im Text nach Rechtschreibfehlern, in einem Parkhaus nach unserem Auto oder einem Puzzle-Teil suchen.

Bewertung

Ein mentaler Prozess, mit dem wir eine Handlung vorhersagen oder generieren können. Diese Fähigkeit hilft uns zu beurteilen, ob die Zeit reicht, vor dem Schließen der Tür in die U-Bahn einzusteigen oder ob wir es schaffen vor dem Auto die Straße zu überqueren.

Hörwahrnehmung

Die Fähigkeit, Informationen zu empfangen und zu interpretieren, die durch hörbare Schallwellen in unsere Ohren gelangen. Dank dieser kognitiven Fähigkeit können wir mit anderen Menschen sprechen, eine Stimme am Telefon erkennen, dem Rhythmus eines Liedes folgen oder das Weinen des Kindes hören.

Erkennung

Fähigkeit, zuvor wahrgenommene Reize zu identifizieren und neue Elemente (Situationen, Objekte, Figuren usw.) zu erkennen. Es ist wichtig, dass wir die gegenwärtigen Reize nicht nur richtig wahrnehmen, sondern auch mit solchen vergleichen können, die in unserem Gedächtnis bereits gespeichert sind. Die Fähigkeit der Erkennung ermöglicht uns, dass wir aus unseren Erfahrungen lernen und unser Verhalten immer wieder optimieren.

Sichtfeld

Der Bereich, in dem das Auge Reize erkennen kann, wenn es auf einen Punkt fokussiert. Das Sichtfeld ermöglicht es uns, mehr Informationen zu erhalten, wenn wir etwas betrachten – zum Beispiel den Zustand des Gehweges oder die vorbeifahrenden Autos. Eine gute Wahrnehmung der sich im Sichtfeld befindenden Objekte hilft uns Gefahren rechtzeitig zu erkennen.

All diese Fähigkeiten können sich aus verschiedenen Gründen verschlechtern, was sich negativ auf unsere Arbeit, Gesundheit sowie unser Privatleben auswirken kann. Wenn unsere Wahrnehmung gestört ist, steigt unser Stresspegel. Die Achtsamkeit hilft unserem Gehirn die kognitiven Fähigkeiten in Bezug auf alle Kanäle der Wahrnehmung zu verbessern und stressresistenter zu werden.

8. Unsere Wahrnehmung - Kognitive Fähigkeiten

Unterschiedliche Achtsamkeitsübungen können dazu beitragen, dass die Wahrnehmungsfähigkeit verbessert wird und wir uns dem Alltag besser anpassen können. Mit bestimmten Übungen können wir die verschiedenen Sinne unserer Wahrnehmung stimulieren, trainieren und rehabilitieren.

Ich empfehle Dir täglich kleine Achtsamkeits- und Meditationsübungen zu machen. So kannst Du Dein Gehirn im Bereich der Neuroplastizität, die für die kognitive Wahrnehmung verantwortlich ist, optimieren und auch anlernen. Selbstverständlich verstehe ich, dass Du als Mutter nicht so viel Zeit hast. Keine Sorge, für die meisten Übungen benötigst Du lediglich 5 bis 10 Minuten Zeit. So kannst Du sie ideal in Deinen Alltag integrieren und daraus neue Energie schöpfen.

9. SOS – Entspannen im Alltag

9. SOS - Entspannen im Alltag

Der Alltag mit einem kleinen Kind bietet nicht so viel freie Zeit. Deshalb ist es wichtig, die Übungen so kurz wie möglich zu halten bzw. diese komplett mit den Alltagsaufgaben zu verschmelzen. In diesem Kapitel habe ich für Dich viele Übungen zusammengestellt, die Du leicht in Deinen Alltag integrieren kannst.

Negative Gedanken loslassen

Die Entspannung beginnt im Kopf und braucht einen guten Nährboden in Form von Loslassen der negativen Gedanken, Vorurteilen und Vorwürfen. Bei manchen Frauen sind die Erinnerungen an die Geburt so schmerzhaft, dass sie diese nicht loslassen können. Die Mütter kehren geistig ständig zu den Ereignissen im Krankenhaus zurück und suchen nach einer Antwort auf die Frage: »Was hätte ich anders oder besser machen können?« Sie leiden unter der Tatsache, dass die Geburt anders verlaufen ist, als sie sich das vorgestellt haben. Solche Gedanken sind störend für die Entspannung und verursachen zusätzlichen Stress. Die Integration einer so umfangreichen Erfahrung wie der Geburt erfordert natürlich Zeit und emotionale Unterstützung. Du musst nicht gleich zu einem Psychologen rennen, ein offenes Gespräch mit der besten Freundin oder mit dem Partner kann helfen. Vor allem aber ist es wichtig, sich daran zu erinnern, dass die Geburt eines Kindes ein einzigartiger, höchst individueller Prozess ist, der von vielen Faktoren beeinflusst wird. In keinem Fall solltest Du Dir selbst die Schuld für das geben, was bei der Geburt passiert ist. Diese Erfahrung ist wichtig und wertvoll, auch wenn sie nicht immer positiv ist. Habe keine Angst über Deine Gedanken und Sorgen zu sprechen und Dir Unterstützung zu holen. Entspannung entsteht durch innere Arbeit, in der wir Erwartungen und Illusionen loslassen, die Realität akzeptieren und etwas Wertvolles darin finden.

Anpassung an eine neue Rolle

Im ersten Jahr nach der Geburt passt sich die Mutter den großen Veränderungen, die in ihrem Leben stattgefunden haben, an. Die Fähigkeit, sich zu entspannen und mit dem Baby auszuruhen, erleichtert dabei der jungen Mutter das Leben erheblich und bewahrt sie vor emotionalem Burn-out. Oft geraten wir jedoch in einen ziemlich starren Rahmen und versuchen »die beste Mutter« zu sein. Wir erlauben uns keine Fehler und versuchen einem unerreichbaren Ideal zu entsprechen. Das Leben berühmter Mama-Blogger oder Prominenter wird oft als Beispiel genommen. Im Vergleich dazu steht eine »normale« Mutter immer im Schatten der Sorgen und Probleme. Wichtig ist, dass Du Dich mit anderen Müttern nicht vergleichst. Die Anpassung an die Rolle einer Mutter ist eine Zeit der Veränderungen und des Lernens. Eine Zeit, in der wir uns an die neue Lebensphase gewöhnen und lernen gemeinsam mit dem Kind ein zufriedenes und entspanntes Leben zu führen.

Mittagsschlaf – der beste Energielieferant

Die Tatsache, dass der Mittagsschlaf sich positiv auf den menschlichen Körper auswirkt, ist lange bekannt. Die sogenannte Siesta wird immer noch in vielen Ländern praktiziert und verhilft zu Leistungssteigerung und Verbesserung der Konzentration. Diese Art der Ruhe ist besonders für Mütter im Erziehungsurlaub sowie bei ständiger körperlicher und emotionaler Belastung wichtig. Wenn der nächtliche Schlaf durch das Erwachen des Babys unterbrochen und die Gesamtschlafzeit verkürzt ist, kann bereits eine halbe Stunde Mittagsschlaf zu mehr Energie und höherem Wohlbefinden beitragen. Oft bemängeln die Mütter, dass das Baby tagsüber nur 30 bis 40 Minuten lang schläft und es ihnen sehr schwerfällt in dieser kurzen Zeit einzuschlafen. Mir geht es auch so. In solchen Situationen beneide ich meinen Mann, der gefühlt innerhalb von drei Sekunden einschlafen kann und ich mich oft trotz Müdigkeit stundenlang im Bett wälze, bis ich eingeschlafen bin.

Die gute Nachricht dabei ist, dass bereits ein bewusstes Liegen und Ausruhen zu einem Energieschub führen kann. Eine gute Möglichkeit bietet das Stillen. Viele Babys fühlen sich während des Stillvorgangs entspannt und schlafen dabei ein. Auch auf die Mutter hat das Stillen einen entspannenden Effekt. Nutze das! Leg Dich mit Deinem Kind hin und stille in der Seitenlage. Sobald Dein Kind eingeschlafen ist, kannst Du weiter liegen bleiben und Dich ausruhen. Wichtig ist, dass Du zuvor für gute Schlafbedingungen sorgst:

- Lüfte gut den Raum. Frische Luft erleichtert das Einschlafen.
- Verdunkle das Zimmer, indem Du die Vorhänge zuziehst oder die Rollos herunterlässt.
- Trinke 1 bis 2 Stunden vor dem Mittagsschlaf keinen Kaffee oder starken Tee.

Wenn Du nicht einschlafen kannst, wähle eine ruhige und eintönige Aktivität in horizontaler Position. Lies ein Buch, schaue einen interessanten Film an oder höre entspannende Musik über Kopfhörer. Die Hauptsache ist, dass Du diese Zeit im Liegen verbringst, damit Dein Körper sich ausruhen kann.

Einschlafritual für Mutter und Kind

Chronischer Schlafmangel ist eines der Hauptprobleme der frischgebackenen Mamas. Schnell kommen die Übermüdung und emotionale Überempfindlichkeit – schlecht für die Mutter und auch für das Kind, das sehr empfindlich auf den Zustand der Mutter reagiert. Wenn Du angespannt, ängstlich oder verärgert bist, hat es eine negative Auswirkung nicht nur auf Dein Schlafverhalten, sondern auch auf das Deines Kindes. So habe ich bereits oft beobachten können, dass die Dauer der kindlichen Einschlafphase mit meinem emotionalen Zustand im Zusammenhang steht. Meine Tochter war unruhig, ich auch. Es hat mich noch mehr gereizt, denn ich war müde und wollte endlich meine Ruhe haben. Mein Verhalten machte die Situation nur noch schlimmer. Je länger ich versucht habe, meine Tochter zum Schlafen zu bringen, desto gereizter war ich und Lea drehte noch mehr auf. Bis mein Mann ganz entspannt die Kontrolle übernahm. Keine zwei Minuten später schlief das Kind friedlich und entspannt auf den Armen meines Mannes. Seitdem nenne ich es der »Effekt der ruhigen Arme«. Was habe ich daraus gelernt? In der Ruhe liegt die Kraft. Nun lautet meine Devise »Ruhig bleiben!«

Folgende Atemtechnik hat mir und Lea geholfen, schneller zur Ruhe zu kommen und einzuschlafen:

Versuche ganz ruhig zu atmen während Du Dein Kind schlafen legst. Atme langsam, bewusst und tief in den Bauch. Entspanne beim Ausatmen. Höre dem Geräusch Deiner Atmung achtsam zu und beobachte es. Spüre, wie die Wellen der Entspannung von Deinem Bauch aus sich über den ganzen Körper ausbreiten. Der sanfte Ton Deiner Atmung wird Dich und das Kind beruhigen.

9. SOS - Entspannen im Alltag

Tanz der Liebe

Auf sich selbst und auf eigene Bedürfnisse zu achten, darf nicht nur eine einmalige Sache sein. Nein, es soll in die Lebensweise übergehen und zum Alltag werden. Der Gedanke der »Opferliebe« gehört in die alte Welt, aber nicht in unsere. Viele Mütter sprechen darüber, wie schwierig es mit dem ersten Baby war und wie viel einfacher es mit dem zweiten Kind wurde. Mit der Erfahrung kommt das Verständnis, dass keine Hausarbeit der Welt die Ruhe der Mutter wert ist und dass der innere Zustand einer Frau unglaublich wichtig ist. Unser Leben bietet so viele Möglichkeiten. Moderne Mütter suchen nach einem Gleichgewicht in der Verteilung der Kräfte zwischen der Betreuung eines Kindes und Erfüllung der eigenen Bedürfnisse. Und es ist richtig! Darüber hinaus gibt es immer mehr Orte, an denen eine Mutter gemeinsam mit ihrem Kind entspannen kann. Dies sind Familiencafés, Schönheitssalons, Fitnesskurse mit Kinderbetreuung, Yoga und Babyschwimmen. Auf diese Weise können Frauen mit ihren Kindern ein spannendes Leben führen und sich in Begleitung ihres Kindes weiterentwickeln und das Leben genießen.

Ein besonderes Wort möchte ich dem Tanzen widmen. Das Tanzen mit einem Baby verbessert die Stimmung, trainiert die Koordination sowie den Sinn für Rhythmus und baut Stress ab. Schalte Deine Lieblingsmusik ein und tanze. Genieße die sanften Bewegungen mit Deinem Kind. Du kannst zwischen schnellen und langsamen Kompositionen wechseln, im Stehen, Sitzen und sogar im Liegen tanzen! Versuche bewusst Deine Aufmerksamkeit auf Deinen Körper zu lenken. Achte auf Deine Füße und Hände, bewege Deinen Kopf und Rücken. Tanze bis Du eine leichte Müdigkeit verspürst. Lege Dich entspannt mit Deinem Kind hin. Schalte Entspannungsmusik an. Wie wäre es mit dem Rauschen des Meeres oder dem Vogelgesang? Entspanne Dich und lass Dein Kind die wundervolle Welt der Naturgeräusche direkt in Deinem Wohnzimmer entdecken.

Weitere Tipps und Übungen für das alltägliche Leben

1. Gesundes Essen

Wenn das Kind schreit, die Nerven blank liegen und der Magen knurrt ... Was kommt Dir in den Kopf? Vor meinen Augen sehe ich eine Tiefkühlpizza. Nicht gerade gesund, ich weiß. Menschen, die unter Stress stehen, neigen dazu, Fast Food bzw. Fertigprodukte zu wählen, weil es leicht verfügbar ist. Das verschlimmert jedoch die Situation noch mehr. Die verarbeiteten Lebensmittel sind reich an Zucker und Fett, beeinflussen negativ nicht nur unsere Stimmung, sondern auch unseren Darm. Wenn die Darmbiosphäre gestört ist, können wir die Stressbekämpfung vergessen. Ich habe jedoch eine gute Nachricht für Dich. Es gibt sie tatsächlich – die Nervennahrung. Dank gesunder Ernährung kann man stressresistenter werden. Ungesättigte Fettsäuren, die reichlich in Nüssen, Avocados sowie Raps- und Olivenöl vorhanden sind, wirken blutdrucksenkend. Auch Haferflocken, Lachs, Kiwis, Bananen und saftige Wassermelonen haben positive Eigenschaften und reduzieren unser Stressniveau. Leckere Kartoffeln, Spinat, Spargel, Vollkornprodukte und Hülsenfrüchte sind aufgrund des hohen Vitamin B1-Gehalts perfekte Vertreter der Nervennahrung. Bitte beachte, falls Du stillst, können Hülsenfrüchte bei Deinem Kind Blähungen verursachen.

2. Die entspannende Aromatherapie

Die Therapie mit ätherischen Ölen ist ein bewährter Weg, um den Stress bereits in der Anfangsphase zu beseitigen. Halte Dein Lieblings-Aromaöl bereit, trage in stressigen Zeiten wenige Tropfen auf Deine Handgelenke auf und atme ein paar Mal tief durch. Dies wird Dich entspannen und zurück in den gegenwärtigen Moment bringen. Wenn Dein Kind abends schläft und Du mehr Zeit hast, kannst Du auch ein warmes Aroma-Bad nehmen.

Aromatherapie zur Entspannung: die besten Aromen

Den Relax-Modus in Sekundenschnelle einzuschalten, funktioniert leider nur in seltensten Fällen. Leidet man unter Dauermüdigkeit, fällt es oft schwer zu entspannen. Folgende Aromen können auf dem Weg zur Entspannung helfen:

Grapefruit Öl eignet sich hervorragend bei leichten Depressionen. Das Öl entspannt nicht nur körperlich, sondern auch emotional. Das Öl ist für die äußere Anwendung z. B. für eine Nackenmassage, ein Aroma-Bad oder als Duftkerze geeignet.

Fällt es Dir schwer nach einem anstrengenden Tag abzuschalten? Das **Ylang-Ylang Öl** kann dabei helfen. Das Öl beruhigt und hilft Dir schnell einzuschlafen. Aber auch tagsüber, wenn die Emotionen kochen und Deine Psyche an der

Grenze zur Explosion steht, kann ein Raumduft mit Ylang-Ylang Öl Wunder bewirken.

Auch das **Basilikum Öl** kann bei Stress, nervöser Anspannung und Hysterie unterstützend wirken. Als Duftlampe oder Massageöl – die Inhaltsstoffe der Basilikumpflanze beruhigen und helfen bei Verspannungen und Muskelschmerzen.

Das milde **Lavendel Öl** ist besonders gut für Mütter und Kinder geeignet. Es hat einen beruhigenden Effekt und hilft hervorragend beim Einschlafen. So kannst Du zum Beispiel ein Gute-Nacht-Spray ganz einfach selbst herstellen:

Du brauchst:
- eine leere Sprühflasche mit mind. 100 ml Fassungsvermögen
- 30 ml geruchsneutralen, hochprozentigen Alkohol (z. B. Wodka 40 %)
- 50 ml abgekochtes Wasser
- 20 Tropfen Lavendel Öl

Zubereitung:
- Alkohol, Wasser und Lavendelöl in die Sprühflasche geben, diese verschließen und gut schütteln.
- 1 bis 3 Sprühstöße je nach Raumgröße reichen völlig aus, um einen leichten Entspannungseffekt zu erzielen. Vor jeder Anwendung sollte die Flasche gut geschüttelt werden, damit das Öl sich gut mit den restlichen Inhaltsstoffen verbindet. Das Spray ist mehrere Wochen haltbar.

Auch andere Entspannungsöle wie Kamille, Majoran, Zitronen, Mandarine sind gut für die Aromatherapie geeignet.

Wichtige Hinweise:

- Wenn Du zum ersten Mal ein ätherisches Öl verwenden möchtest, solltest Du unbedingt die Packungsbeilage lesen oder den Arzt bzw. Apotheker konsultieren. Ätherische Öle können starke allergische Reaktionen verursachen.
- Verwende nur hochwertige und naturreine Öle.
- Wenn Du noch stillst, solltest Du auf starke Düfte verzichten. Die Kinder können ihre Mutter »riechen«. Wenn Du streng riechst, kann es passieren, dass Dein Kind die Brust verweigert.
- Verwende kein Thymian-, Eukalyptus, Ampfer- und Pfefferminzöl – diese Öle können bei Kindern Atemnot verursachen und lebensgefährlich sein.
- Die ätherischen Öle dürfen nicht in die Kinderhände gelangen. Außerdem solltest Du nach jeder Anwendung Deine Hände gut waschen, damit versehentlich nichts in Deine Augen oder in die Augen Deines Kindes kommt.
- Verwende keine unverdünnten Öle in der Nähe von Augen oder Schleimhäute.

3. Entspannende Atemtechniken

Wir atmen rund um die Uhr, unser ganzes Leben lang. Da der Atemvorgang automatisch erfolgt, achten wir oft nicht genau darauf, wie wir atmen. Aber die Art des Atmens unterscheidet sich je nach Situation. Wenn wir schlafen, atmen wir ruhig und flach. Wenn wir körperlich aktiv sind, erfolgt das Atmen schneller. Auch in Stresssituationen beschleunigen sich unser Herzschlag und unsere Atmung. Achte darauf, wie Du in unterschiedlichen Situationen und Stimmungen atmest: wenn Du Dich wohlfühlst, wenn Du wütend bist, wenn Du mit jemandem sprichst, den Du magst und umgekehrt oder wenn Du Sport treibst. Achte bewusst auf Deine Atmung. Merkst Du denn Unterschied? Unsere Atmung ist beeinflussbar. Jeder unserer emotionalen und physischen Zustände hat seine eigene Art zu atmen. Ändert sich der Zustand, ändert sich auch unsere Atmung. Diese Variation ist ein wichtiger Mechanismus zur Anpassung an verschiedene Situationen: Stress, Schlaf, Nahrungsverdauung, Genesungsprozess. Wir können die Atmung und damit den Zustand des Nervensystems bewusst verändern zum Beispiel von Stress zur Entspannung, von Panik zur Ruhe oder von Traurigkeit zur Begeisterung.

Bei Atemübungen sind folgende drei Punkte wichtig:

- Atemintensität: wie aktiv atmen wir ein und aus
- Art der Atmung: Bauch- oder Brustatmung
- Länge des Ein- und Ausatmens: Beim Einatmen wird das Stressnervensystem und beim Ausatmen das Relaxationsnervensystem aktiviert
- Anhalten des Atemvorgangs

Übung 1: Zur Ruhe kommen

Wirkung: Entspannungsübung
Dauer: 3 Minuten

Leg Dich bequem auf den Rücken, schließe Deine Augen und entspanne Dich. Atme ruhig und mache sechs Atemzüge pro Minute. Das heißt, für das Ein- und Ausatmen benötigst Du zehn Sekunden. Es ist wichtig, durch den Bauch zu atmen. Um dies zu überprüfen, lege eine Hand auf die Brust und die andere auf Deinen Bauch. Stelle sicher, dass sich nur die Hand auf Deinem Bauch bewegt. Versuche länger auszuatmen als einzuatmen (z. B. vier Sekunden einatmen und sechs Sekunden ausatmen). Lass die ganze Luft aus Deiner Lunge heraus. Achte bewusst auf jeden Atemzug. Bleib dabei entspannt.

Übung 2: Achtsames Atmen

Wirkung: Stärkung der Achtsamkeit
Dauer: 3 Minuten

Bei dieser Technik musst Du die Intensität des Ein- und Ausatmens leicht erhöhen, die Dauer der Atemvorgänge soll jedoch gleichbleiben. Bei dieser Übung sind die Bauchatmung und das Anhalten des Atems wichtig. *Beispiel:* vier Sekunden einatmen, vier Sekunden die Atmung anhalten, vier Sekunden ausatmen und erneut vier Sekunden die Atmung anhalten. Wenn Du diese Übung mit Leichtigkeit ausführst, kannst Du die Dauer auf jeweils sechs Sekunden erhöhen.

Übung 3: Aktives Atmen

Wirkung: Stressreduzierung und Erhöhung des Energieniveaus
Dauer: 5 Minuten

Dies ist eine intensive Atemtechnik mit aktiven Atemzügen. Wenn Du einatmest, soll sich Dein Bauch aufblasen und die Rippen auseinander gehen, die Brust bewegt sich dabei leicht. Um mehr Energie in die Übung zu bringen, kannst Du in den Atemprozess auch Bewegung integrieren.

9. SOS - Entspannen im Alltag

Beispiel: Atme dreimal aktiv in den Bauch. Während Du einatmest, heben sich Deine Arme in verschiedene Richtungen, beim Ausatmen senkst Du Deine Arme. Die Geschwindigkeit der Atmung und Bewegung kannst Du an Dein Tempo anpassen, sodass Du Dich dabei wohlfühlst. Nach dem dritten Ausatmen halte den Atem an, so lange wie es angenehm ist. Beim Ausatmen kannst Du summen. Deine Lippen bewegen sich so, als ob Du eine Flöte spielen würdest.

Es gibt viele Atemtechniken, die zur körperlichen Entspannung und Stressreduktion beitragen. Das Gute an Atemtechniken ist, dass sie meist nur ein paar Minuten dauern. So kannst Du sie perfekt in Deinen Mama-Alltag integrieren und in wenigen Minuten Energie tanken.

Übung 4: Genieße den Moment

Wirkung: Stressreduzierung und Entspannung
Dauer: 5 Minuten

Atme mehrmals tief ein und aus. Lege nun Deine Finger auf die Schläfen und massiere sie mit kreisenden Bewegungen. Schließe Deine Augen und entspanne Deine Gesichtsmuskeln. Atme bewusst weiter und fühle, wie gut Dir diese Übung tut. Setze mit dem Mittelfinger an Deiner Nasenwurzel an. Streiche die Haut sanft nach oben über die Augenbrauen aus. Nun kannst Du über die Lidfalte entlang des Knochens zum Augenaußenwinkel streichen. Diese Übung hilft hervorragend bei müden Augen.

4. Übungen für den Nacken

Das Halten des Kindes während des Stillens oder zur Beruhigung kann bei den Müttern Nackenschmerzen verursachen. Es tut nicht nur weh, sondern stört auch beim Einschlafen. Vor meinen Schwangerschaften habe ich nie unter Schmerzen im Nackenbereich gelitten. Doch bereits in den ersten Monaten merkte ich, wie fies diese Schmerzen sein können. Das Schlimme daran ist, dass unbehandelte Nackenschmerzen oft in Kopfschmerzen oder gar Migräne übergehen und das Managen des Alltags noch mehr erschweren können. Ich möchte Dir ein paar Übungen zeigen, die mir in meinem Mama-Alltag geholfen haben. Die folgenden fünf Übungen entspannen Nackenmuskeln und dauern nur wenige Minuten.

Übung 1

Stelle Dich entspannt und gerade hin. Hebe Deine Schultern so hoch wie möglich. Halte sie in diesem Zustand, dann bewege sie so weit wie möglich zurück. Halten. Senke Deine Schulter ab und kehre in die Ausgangsposition zurück. Wiederhole diese Übung 25 Mal und bewege dabei die Schultern in einer kreisenden Bewegung.

Übung 2

Diese Übung beinhaltet die gleichen Bewegungen wie die Übung 1, nur in die entgegengesetzte Richtung. Bringe Deine Schultern zurück, hebe sie dann so hoch wie möglich an. Halte kurz diese Position. Dann bewege die Schulter vorwärts, senke sie ab und kehre in die Ausgangsposition zurück. Wiederhole diese Übung 25 Mal.

Übung 3

Setze Dich bequem hin. Atme tief ein, hebe die Schultern in Richtung Deiner Ohren und halte diese Position einige Sekunden. Atme dann langsam aus und senke Deine Schultern. Wiederhole diese Übung einige Male.

Übung 4

Senke Dein Kinn so tief wie möglich auf Deine Brust, entspanne Deinen Nacken, hebe dann den Kopf und kippe ihn so weit wie möglich nach hinten. Wiederhole die Übung 12 Mal.

Übung 5

Senke Dein Kinn wie in der vorherigen Übung auf die Brust, drehe dann Deinen Kopf vorsichtig nach links, kippe ihn nach hinten, drehe ihn nach rechts und kehre in die Ausgangsposition zurück.

Die Halbkreisbewegung sollte gleichmäßig und mit maximalem Ausschlag sein, aber ohne Spannung. Mache diese Übung auch in die entgegengesetzte Richtung – 6 Mal in eine Richtung und 6 Mal in die andere.

Übung 6

Setze Dich mit entspannten Schultern und Nacken aufrecht hin. Lege Deine linke Hand sanft auf Deinen Kopf und neige ihn in Richtung der linken Schulter. Drücke dabei mit der Hand leicht auf Deinen Kopf – Du wirst spüren, wie sich die Nackenmuskeln auf der rechten Seite zu dehnen beginnen.

Zähle bis zehn, dann wiederhole die gleiche Übung mit dem rechten Arm und rechter Schulter.

Übung 7

Schließe Deine Augen. Achte bewusst auf Deine Stirn, Nase und Dein Kinn. Massiere langsam die Basis Deines Schädels (oberhalb der Nackenmuskulatur). Genieße diesen Moment.

Übung 8

Drehe Deinen Kopf so weit wie möglich nach links (der Körper sollte gerade bleiben) und kehre in die Ausgangsposition zurück. Drehe den Kopf so weit wie möglich nach rechts. Wiederhole diese Übung 10-mal in einem langsamen Tempo.

Wenn Du regelmäßig diese Übungen durchführst (vorzugsweise morgens), gehen die fiesen Verspannungen des Nackens und des oberen Rückens bald weg, was zu einer besseren Durchblutung und zu mehr Energie führt.

5. Anti-Stress-Tipps für den Alltag

Folgende Tipps helfen Dir Deinen Alltag entspannter zu gestalten:

1. Baden mit dem Baby. Dies ist eine wunderbare Möglichkeit zur gemeinsamen Entspannung mit Deinem Baby. Höre leise Musik und zünde ein paar Kerzen an. Du kannst auch Badezusätze ins Wasser geben, achte aber unbedingt darauf, dass diese für zarte Kinderhaut geeignet sind. Nimm ein Bad mit dem Baby, lege es auf Deine

9. SOS - Entspannen im Alltag

Brust oder auf die gebeugten Beine. Wenn nötig, kannst Du Dein Baby direkt in der Badewanne stillen. Solche Entspannungsmomente stärken die Mutter-Kind-Bindung, helfen der Mama Stress abzubauen und sind gut für das Baby.

2. Jede Frau möchte schön und attraktiv sein. Ich habe festgestellt, dass ich mich selbstbewusster und glücklicher fühle, wenn ich mir morgens bewusst fünf Minuten gönne und mich leicht schminke. Du brauchst lediglich eine gute Wimperntusche, leichte Foundation sowie einen Pflegelippenstift und schon fühlst Du Dich besser. Achte auf die Qualität der Produkte. Hochwertige Kosmetik enthält gute Inhaltsstoffe und hält bis zum Abend. Ein praktischer Nebeneffekt: Du bist immer für einen schnellen Einkauf, Spaziergang an der frischen Luft und einen Spielplatzbesuch bereit.

3. Manchmal wächst einem alles über den Kopf. Am liebsten würde man auf eine einsame Insel fliehen. Ich habe einen besseren Vorschlag: Wie wäre es mit einem spannenden Krimi oder einer romantischen Liebesgeschichte? Nichts geht über ein gutes Buch, mit dem Du Dich ein wenig von Deinen Sorgen ablenken und Dich auf etwas anderes konzentrieren kannst. Wenn Du kein Fan des Lesens bist, sind Podcasts oder Hörbücher eine großartige Alternative, um in eine neue Welt einzutauchen. Sie können Dir sogar helfen, nach einem anstrengenden Tag einzuschlafen.

4. Alles muss raus! Manchmal sammelt sich in uns im Laufe des Tages zu viel Energie, die sich negativ auf die Gesundheit auswirken kann, wenn sie nicht rechtzeitig freigesetzt wird. Stelle Dir vor: Du bist ein Bürogebäude und am Ende des Arbeitstages kommen alle Menschen heraus. Dabei

stellen die Menschen eine Metapher für Erfahrungen, Emotionen, Stress und Ängste dar. Alle Menschen gehen nach Hause und Du verspürst eine angenehme Leere. Regelmäßiges Üben dieser Technik hilft Dir ausgeglichener und stressresistenter zu werden.

5. Wasser – das Lebenselixier, die Basis unseres Lebens. Alle Gewässer wirken beruhigend auf unser Nervensystem. Und Du musst nicht einmal ins Wasser eintauchen. Dabei reicht Deine Vorstellungskraft völlig aus. Lege Dich gemütlich für drei Minuten hin, schließe Deine Augen und stell Dir vor wie das Wasser in einem Fluss brodelt, wie ein Wasserfall seine Energie an Dich weitergibt, wie das Meeresrauschen Deine Seele beruhigt und ein kleiner Bach Dich in einen Märchenwald entführt. Lass Deiner Fantasie freien Lauf.

6. Wie wir bereits wissen, verursachen Tausende Gedanken im Kopf zusätzlichen Stress. Mental Load führt dazu, dass die Konzentration verloren geht und wir nur schwer wieder zur Ruhe finden. In diesem Fall empfehle ich den sogenannten »Gedankenstopp«. Diese kleine Übung, die Du mehrmals am Tag durchführen kannst, hilft Dir dabei Dein Stresslevel zu reduzieren. Egal was Du tust, halte 20 Sekunden inne und versuche, entweder an nichts zu denken oder Dich nur auf ein Thema zu konzentrieren. Dieser kurze Moment der inneren Stille führt dazu, dass Deine Gedanken klarer werden und die Konzentrationsfähigkeit sich verbessert. Probiere es gleich aus! Schaue aus dem Fenster, achte auf Deine Atmung und konzentriere Dich auf Deine Gedanken.

7. Trau Dich »Nein« zu sagen. Als Mutter hast Du schon so sehr viel um die Ohren. Wenn die Freunde oder Verwandte noch um Etwas bitten, bist Du nicht verpflichtet

diese Aufgaben anzunehmen. Einige Menschen finden es schwierig, »Nein« zu sagen, weil sie einfach nett sind, andere haben Angst vor möglichen Konflikten, die daraus entstehen könnten. Die Fähigkeit, zur richtigen Zeit »Nein« zu sagen, entlastet unsere Psyche und unseren Körper erheblich. Es hilft Dir, Dich auf die eigenen Prioritäten zu konzentrieren. Ich weiß, es ist nicht einfach der Schwiegermutter zu sagen, dass Du ihr beim Backen für die Geburtstagsfeier nicht helfen kannst. Aber glaub mir, oft machen wir uns einfach zu viele Gedanken und sehen Probleme, die es eigentlich nicht gibt.

Wenn Du Schwierigkeiten hast, direkt »Nein« zu sagen, versuche dieses Wort in einen netten Satz umzuwandeln. Zum Beispiel:

- *»Es tut mir wirklich leid, aber ich kann das für Dich nicht tun. Zurzeit hat mein Tag gefühlt mehr als 24 Stunden. Wenn die Situation es erlaubt, helfe ich Dir beim nächsten Mal sehr gern. Ich hoffe, dass Du dafür Verständnis hast.«*
- *»Ich würde Dir sehr gern helfen, aber aktuell erlaubt mir dies meine Situation nicht. Es tut mir wirklich sehr leid.«*

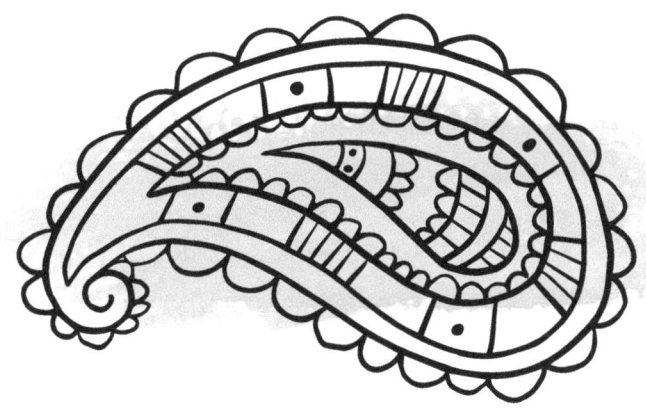

10. Körperliches Bewusstsein: Du und Dein Körper

10. Körperliches Bewusstsein: Du und Dein Körper

In der alltäglichen Routine vergessen wir oft, wie wichtig es eigentlich ist, den eigenen Körper bewusst wahrzunehmen. Der Körper ist ein Indikator für Deinen Zustand. Wenn wir bewusst die Momente wahrnehmen, in denen wir angespannt oder entspannt sind, verstehen wir erst dann, wie es sich wirklich anfühlt. Schließlich hat jede Emotion eine körperliche Manifestation.

Früher war ich davon überzeugt: Ich weiß wie ich bin, was ich denke und fühle. Ich glaube, jeder von uns würde es zunächst von sich behaupten. Nachdem ich aber wirklich bewusst meinen Geist und meinen Körper wahrnehme, verstehe ich, dass ich mich nun auf einer völlig anderen Ebene befinde. Die Achtsamkeit hat mir ermöglicht die Sprache meines Körpers zu verstehen.

Wenn Du jetzt dieses Buch liest, in welcher Position befindest Du Dich? Sitzt Du gemütlich auf dem Sofa? Liegst Du müde im Bett? Oder bist Du vielleicht im Wartezimmer einer Arztpraxis? Was macht Dein Körper gerade. Fühlst Du Dich wohl? Achte bewusst auf Deine Körperstellung. Indem Du die Position des Körpers änderst, kannst Du Einfluss auf Deine Psyche nehmen. Sie sind nämlich direkt miteinander verbunden. Liegst Du entspannt, dann fühlst Du Dich auch gut. Sitzt Du in einer unbequemen Position, beginnst Du automatisch flach zu atmen und änderst Deine Position.

10. Körperliches Bewusstsein: Du und Dein Körper

Diese kleine Checkliste hilft Dir zu verstehen, ob Du Deinen Körper bewusst wahrnehmen kannst.

1. Sobald Du müde bist, ruhst Du Dich aus?
2. Du kannst »Nein« sagen?
3. Du kannst Deine Kräfte und Energie gut einschätzen?
4. Du kennst Deine Grenzen?
5. Du weißt, wie Du Dich effektiv entspannen kannst?
6. Wenn Du unter Stress stehst, kannst Du Deine Emotionen und Deinen körperlichen Zustand regulieren?
7. Wenn Du eine Frage mit »Nein« beantwortet hast, solltest Du auf Dein Körperbewusstsein mehr achten. Die nachfolgenden Übungen helfen Dir dabei.

Warum ist Körperbewusstsein wichtig?

Es ist wissenschaftlich erwiesen, dass unser Bewusstsein von einer Entscheidung einige Sekunden früher erfährt als unser Gehirn sie versteht. Wir möchten jedoch vermeiden, dass unsere Handlungen durch instinktive und emotionale Impulse bestimmt werden und möchten, dass die »höhere Ebene«, also unser Gehirn der getroffenen Entscheidung zustimmt. Sicherlich sind Emotionen und intuitives Wissen wichtig, aber unsere Logik und Lebenserfahrung spielt dabei auch eine Rolle. Die Achtsamkeit stellt dieses Gleichgewicht wieder her, indem sie sowohl Gefühlen als auch rationalem Denken Ausdruck verleiht und hilft die Körperimpulse abzufangen und mit dem rationalen Denken zu verknüpfen.

10. Körperliches Bewusstsein: Du und Dein Körper

Es ist wichtig, dass Du erkennst, wie sich Deine Gedanken und Emotionen in Deinem Körper widerspiegeln. Als nächstes solltest Du lernen, Aufmerksamkeit zu halten und der Dynamik Deiner Gefühle zu folgen. Auf diese Weise kannst Du jederzeit die Initiative ergreifen und Deine Handlungen bewusst ausführen. Wenn Du diesen Vorgang verinnerlichst und lernst Deinen Körper als eine Einheit zu betrachten, erhältst Du ein wunderbares Werkzeug, das immer bei Dir ist. Dein Körper wird nicht zu einem belastenden Gepäck, sondern zu einem Helfer, der Dir hilft einen einfachen Ausweg aus schwierigen Situationen zu finden und dem Stress im Alltag zu entkommen.

Übung 1: Jede Zelle spüren

Dauer: 5 – 10 Minuten

In jedem Menschen lebt ein ganzer Kosmos, der sich ständig weiterentwickelt und verbessert. In dieser Sekunde finden Tausende von chemischen und biologischen Prozessen statt. Um sich schnell zu entspannen, leg Dich bequem hin und beginne Deinen Körper von Kopf bis zu den Zehen bewusst wahrzunehmen. Versuche jede Zelle, jedes Haar zu fühlen. Spüre die Wärme, Entspannung und Ruhe, die Deinen Körper vollständig umhüllt. Diese Entspannungstechnik hilft Dir, Kraft und Energie aufzubauen.

10. Körperliches Bewusstsein: Du und Dein Körper

Übung 2: Fantasiereise

Dauer: etwa 10 Minuten

Die Reise des kleinen Schmetterlings

Diese kurze Geschichte hilft Dir vom stressigen Alltag zu entspannen, Dein Gesicht bewusst wahrzunehmen und aus einer neuen Perspektive zu entdecken. Dabei benötigst Du Unterstützung von Deinem Partner oder Du nimmst die Geschichte z. B. auf Deinem Smartphone auf. So kannst Du Dich nur auf Dich selbst konzentrieren, während Dir Dein Partner die Geschichte vorliest oder Du sie abhörst. Die kleine Fantasiereise kannst Du auch wunderbar mit Deinem Kind (ab zwei Jahren) machen. Kuschle Dich in eine weiche Decke ein und schließe Deine Augen. Im Hintergrund kann leise Entspannungsmusik abgespielt werden.

»Ein kleiner Schmetterling hat sich in Deinem Haus verirrt. Er fliegt voller Neugier von einem Raum zum anderen und schaut sich alles detailliert an. Alle Möbelstücke, die wunderschöne Dekoration, buntes Spielzeug – alles ist so interessant. Nun fliegt der kleine Schmetterling zu Dir. Er möchte Dich erkunden und kennenlernen. Vorsichtig nähert er sich und schaut Dich mit seinen kleinen Augen an. Seine dünnen Flügel flattern sanft in der Luft. Spürst Du den leichten Windhauch? Du liegst bequem und lässt alle heutigen Erlebnisse und Gedanken verblassen. Dein Körper wird ganz weich und entspannt sich. Konzentriere Dich auf die Atmung. Atme tief ein und aus. Spüre wie Deine Lunge Dich mit der Luft fühlt. Bei jedem Atemzug entspannst Du mehr.

10. Körperliches Bewusstsein: Du und Dein Körper

Du liegst ganz ruhig da. Nun setzt sich der kleine Schmetterling auf Deinen Kopf. Er möchte Dein schönes Gesicht aus der Nähe betrachten. Deine Haare erinnern ihn an eine Sommerwiese. Es gefällt dem Schmetterling und er spaziert hin und her. Du fühlst seine kleinen Schritte und genießt die sanfte Massage. Der kleine Schmetterling erkundet Dich weiter. Langsam bewegt er sich auf Dein Gesicht zu. Seine kleinen Füßchen fühlen sich angenehm an. Er geht weiter auf Deiner zarten Haut und nähert sich dem Auge. Deine langen Wimpern begeistern den Schmetterling. Er streichelt sie mit seinen federleichten Flügeln. Deine müden Augen genießen es – eine Wohltat. Deine Muskeln entspannen sich, die Atmung wird tiefer. Die sanften Berührungen des Schmetterlings entführen Dich in den Schlaf. Du lässt alle Sorgen los und versinkst immer tiefer in Deine Träume. Nun fliegt der kleine Schmetterling auf Deine Nase. Von hier aus kann er alles gut beobachten. Ein toller Ausblick über die schöne Landschaft Deines Gesichts. Er betrachtet voller Begeisterung all Deine Gesichtszüge. Sein Abenteuer geht weiter. Die Lippen fühlen sich wie eine weiche Wolke an. Der Schmetterling kuschelt sich an Dich heran. Deine tiefe Atmung erinnert ihn an ein Meeresrauschen. Einatmen, ausatmen – es tut gut. Die Melodie des Meeresrauschens verleitet den kleinen Schmetterling zum Tanzen. Hin und her, hin und her – seine sanften Bewegungen gleiten über Deine Lippen. Plötzlich berühren seine zarten Flügel Deine Nase, es kitzelt. Du öffnest Deine Augen. Der kleine Schmetterling erschreckt sich und flattert durch das Fenster nach draußen.«

Solche Fantasiereisen eignen sich perfekt zur Entspannung des gesamten Organismus und trainieren das körperliche Bewusstsein.

11.
Zwei beste Freundinnen: Meditation und Achtsamkeit

11. Zwei beste Freundinnen: Meditation und Achtsamkeit

Meditation ermöglicht auf eine tiefere Dimension des Denkens zu gelangen. Aus dem Lateinischen übersetzt, bedeutet »meditieren« nichts anderes als »nachdenken«. Dabei lenkt die Person ihre komplette Aufmerksamkeit auf ein bestimmtes Objekt, Geräusche oder auf eigenen Atem.

Durch regelmäßige Meditation kannst Du folgendes erreichen:

- Ruhe und Ausgeglichenheit, Ordnung in Gedanken.
- Besseres Verständnis von Dir selbst.
- Die Fähigkeit, mit Deinen Emotionen richtig umzugehen.
- Mehr Freude und Vergnügen an alltäglichen Ereignissen.
- Richtige innere Einstellung, die Dir hilft Deine Ziele zu erreichen und leichter mit Problemen und Herausforderungen umzugehen.

Wenn Du noch nie meditiert hast, schlage ich vor, dass wir gemeinsam meditieren. Die Übung dauert nur eine Minute und hilft Dir, besser zu verstehen, was Meditation bedeutet.

Stelle den Timer auf genau eine Minute ein und konzentriere Dich während dieser Zeit auf Deine eigene Atmung. Achte auf den Rhythmus und die Tiefe der Atmung. Spüre die Bewegung von Brust und Bauch. Jage alle ablenkenden Gedanken weg und achte auf den Atemvorgang.

Wie war es für Dich? Lass uns nun Deine Erfahrungen analysieren. War es für Dich einfach, Deine gesamte Aufmerksamkeit auf die Atmung zu richten? Die meisten Menschen finden, dass es gar nicht so einfach ist, ihre Aufmerksamkeit auch nur für eine Minute zu kontrollieren. Unterschiedliche Gedanken versuchen ständig die innere Ruhe zu durchbrechen.

11. Zwei beste Freundinnen: Meditation und Achtsamkeit

Was erwartet Dich, wenn Du Deine Aufmerksamkeit durch Meditation trainierst?

Ich vergleiche die Funktionsweise unseres Gehirns immer mit einem Computer. Stell Dir vor, Du machst gleichzeitig viele Programme und Hunderte Internetseiten auf. Was passiert? Genau, früher oder später wird der Computer sich aufhängen, irgendwann mal wird nichts mehr funktionieren. Genauso ist es mit uns. Wenn wir Tausende Gedanken im Kopf haben und von einer Menge Aufgaben und Sorgen umgeben sind, brechen wir irgendwann mal zusammen. Unser Gehirn verarbeitet jede Sekunde riesige Informationsströme. Dabei treten zwei Probleme auf:

- Die meisten zu verarbeitenden Informationen sind unnötig und bedeutungslos, rauben uns aber viel Energie.
- Informationen, die für ein glückliches und produktives Leben von großer Bedeutung sind, gehen im großen Gedankenmeer verloren.

Die Folgen dieses Zustands sind schwerwiegend: chronische Angstzustände, Stressempfindlichkeit, chronische Müdigkeit, Depressionen. Wir können kaum unsere Emotionen und den Gedankenfluss kontrollieren.

Des Weiteren führt die enorme Entwicklung moderner Technologien dazu, dass jeden Tag eine Unmenge an Informationen auf uns fällt. Wir erhalten ständig Daten in unterschiedlichsten Formen über das Internet und andere Medien, wir kommunizieren telefonisch, über Nachrichtendienste und in sozialen Netzwerken. Und wenn wir einmal eine freie Minute haben, in der wir still sitzen und uns ausruhen können, schal-

11. Zwei beste Freundinnen: Meditation und Achtsamkeit

ten wir entweder Musik ein oder checken die E-Mails. Auch die Unterhaltungsindustrie macht es uns schwierig: Computerspiele, Filme, YouTube-Videos – das alles zieht uns noch tiefer in den Datentornado ein. Die Stille und innere Ruhe zu genießen, ist Luxus unserer Zeit. Angesichts dieser Entwicklung, ist es nicht verwunderlich, dass Neurosen und Depressionen im 21. Jahrhundert zu Volkskrankheiten gehören.

Meditation ist ein Werkzeug, um das Unnötige herauszufiltern und das Wichtige zu bemerken. Nun erinnern wir uns wieder an die Computermetapher: Meditation hilft Dir, Hunderte Programme und Internetseiten zu schließen und Dich auf die wenigen zu konzentrieren, die wirklich wert- und sinnvoll sind. Zusammenfassend kann man nun sagen, dass Meditation eine Übung ist, bei der eine Person lernt, ihre Aufmerksamkeit zu kontrollieren, das Unwesentliche auszusortieren und sich auf das Wesentliche zu fixieren. Dies ermöglicht, ein tiefes und ganzheitliches Bewusstsein des inneren Ichs zu erkennen. Es umfasst die eigenen Emotionen, Bedürfnisse, Ziele und Werte. Ein tiefes Selbstbewusstsein führt dazu, dass ein Mensch lernt, seinen inneren Zustand besser zu managen, häufiger positive Emotionen zu erleben und mit negativen besser umzugehen. Die gesetzten Ziele werden dank der richtigen inneren Einstellung leichter erreicht. So kann man sein Leben und seinen Alltag entsprechend seinen Bedürfnissen und seiner inneren Struktur harmonisch aufbauen.

Die Meditation stellt somit eine hervorragende Möglichkeit dar, diesen tiefen, emotionalen Zustand für die geistige Entspannung im Alltag zu nutzen. Meditation hat einen Einfluss auf unsere Sinne und Wahrnehmung. Wenn Du regelmäßig meditierst, wirst Du fokussierter und achtsamer. Du baust Dir einen inneren Filter auf, der Dir ermöglicht unwichtige Reize auszuschalten. Du wirst entspannter und ruhiger. Zudem hat Meditation folgende Vorteile:

Gesundheit und Reduktion von Stress

Wissenschaftliche Untersuchungen zeigen, dass Meditation den Stress abbaut, indem die Ausschüttung der Stresshormone vom eigenen Körper reduziert wird. Außerdem stärkt Meditation unser Immunsystem.

Positive Mind – positive Gedanken

Mal ehrlich, jeder von uns hat negative Gedanken im Kopf. Doch sobald diese Gedanken überhandnehmen, macht das Leben keinen Spaß mehr. Wir werden depressiv und lustlos. Meditation kann zu einer guten Stimmung sowie höherem Wohlbefinden beitragen. Unser Schlafverhalten wird verbessert. Wir fühlen uns ausgeruhter, motivierter und fitter. Dieser positive Flow überträgt sich auch auf Dein Kind. Es wird ausgeglichener und entspannter.

Außerdem hilft Meditation bei:
- Angstzuständen
- Unkontrollierbaren Emotionen
- Überreizung
- Konflikten
- Leistungsdruck
- Minderwertigkeitsgefühl

Somit kann Meditation eine wichtige und wertvolle Unterstützung im Alltag der Mütter sein!

11. Zwei beste Freundinnen: Meditation und Achtsamkeit

Meditationsübungen für den Alltag

1. Volle Konzentration der Aufmerksamkeit auf eine Handlung

Die alltägliche Problematik: Anstatt sich auszuruhen und sich voll und ganz auf eine bestimmte Aktivität zu konzentrieren, denken viele Menschen weiterhin über unterschiedliche Dinge nach, lösen Probleme und bauen im Kopf Dialoge auf. Diese pausenlosen mentalen Aktivitäten rauben uns Kraft und verursachen Stress.

Die völlige Konzentration der Aufmerksamkeit auf die Aktivität hilft dieses Problem zu lösen. Eine tolle Sache für jede Mutter mit wenig Zeit. Du gehst täglich Aktivitäten nach, meditierst aber gleichzeitig.

So geht es:

Wähle eine tägliche Aktivität, bei der Du die Meditationsübung durchführen möchtest. Es kann die morgendliche Dusche, das Zähneputzen oder das Geschirrspülen sein.

Konzentriere Dich während der Meditation voll und ganz auf die Aktivität, die Du ausführst. Achte darauf, was Du siehst, hörst und fühlst. Wenn Du beispielsweise Geschirr spülst, dann schaue Dir die Muster auf den Tellern eingehend an und lausche dem Geräusch des Wassers. Das Wasser macht unterschiedliche Geräusche, je nachdem, wie Du das Geschirr unter den Wasserstrahl stellst. Merkst Du den Unterschied? Höre genau hin. Achte auf kleinste Details und Nuancen. Fühle die Temperatur des Wassers.

Deine Aufgabe ist es, sich solcher einfachen Empfindungen, Geräuschen und visuellen Reizen bewusst zu werden. Wenn wieder unnötige Gedanken in Deinem Kopf auftauchen, kehre zurück und beobachte, was in dieser Sekunde hier und jetzt geschieht. Es hört sich so einfach an und auf den ersten Blick sogar vielleicht primitiv. Aber glaube mir, wenn Du es versucht, wirst Du das Geschirrspülen neu erleben.

2. Slow Motion

Der Alltag rast mit seinen Sorgen und Problemen an uns vorbei. Oft merken wir gar nicht, wie toll unsere Umgebung ist. Stell Dir vor, Du fährst schnell auf einer Landstraße. Siehst Du welche Blumen entlang der Straße wachsen, wie schön der Stamm des Baumes ist? Hörst Du, wie wunderbar die Vögel singen? Natürlich nicht! Du rast vorbei und nimmst nicht einmal die Existenz von Blumen, Schmetterlingen und das wunderbare Singen der Vögel wahr. Wenn Du jedoch langsam und achtsam zu Fuß läufst, wirst Du all diese schönen Dinge entdecken.

Viele Menschen leben ihr Leben so, als würden sie schnell fahren: Sie sind ständig in Bewegung und merken nicht wie unendlich schön unsere Natur ist. Diese Meditationsübung hilft Dir Deine Umwelt wahrzunehmen und kann ideal in Dein Mutterleben integriert werden.

So geht es:

Achte auf Dein Tempo im Alltag. Wähle einige routinierte Aufgaben aus, die Du in der Regel sehr schnell erledigst. Führe sie bewusst langsamer aus. Benötigst Du normalerweise fünf Minuten für den Weg zu Deinem Lieblingsbäcker? Dann nimm Dir beim nächsten Mal bewusst zehn Minuten Zeit. Achte auf die Natur, Architektur, Menschen. Schau nach oben, welche Form haben die Wolken? Konzentriere Dich auf das Hier und Jetzt. Achte auf Dich selbst: Was passiert mit Deinen Gefühlen und Emotionen, wenn Du Dein Tempo verlangsamst? Fühlst Du Dich entspannt und erleichtert? Oder im Gegenteil, es ist so ungewöhnlich, dass in Deinem Inneren Spannungen und Irritationen auftreten? Wenn Du das Gefühl hast, schneller werden zu wollen, dann versuche Dich auf Deinen Atem zu konzentrieren. Atme mehrmals tief ein und aus.

3. Positive Wahrnehmung

Viele Menschen verlieren die Fähigkeit, die einfachen Glücksmomente des Lebens wahrzunehmen. Diese Express-Meditation hilft Dir dabei, diese Fähigkeit wiederherzustellen beziehungsweise zu stärken. Lass uns diese Übung gleich gemeinsam machen.

So geht es:

Konzentriere Dich auf »Hier und Jetzt«. Suche nach etwas, was Dir gerade guttut und Dich glücklich macht. Ist es die kuschelige Couch, auf der Du gerade liegst? Ist es Dein Kind, das ruhig auf dem Boden mit den Bausteinen spielt? Hast Du bald ein besonderes Ereignis, das Dir viel Vorfreude bereitet? Oder ist es vielleicht dieser Moment, indem Du in Ruhe dieses Buch liest? Nimm Dir Zeit, um über die guten Dinge nachzudenken, die Du gerade entdeckt hast. Weißt Du was mich gerade glücklich macht? Ich freue mich sehr, dass ich Dir meine

Erfahrung weitergeben kann und Dich auf unserer Reise der Achtsamkeit begleiten darf.

Ich empfehle Dir den ganzen Tag über kurze Pausen einzulegen und das Positive in einer Vielzahl von Situationen zu bemerken. Diese kleinen Dinge werden Deinem Leben mehr Freude bereiten.

Es ist erwähnenswert, dass viele Menschen zunächst mit der Tatsache konfrontiert sind, dass es für sie schwierig ist, etwas Positives zu finden. In den meisten Fällen ist dies weniger auf die objektive Situation, sondern vielmehr auf die Wahrnehmung zurückzuführen. Wenn Du diese kleine Übung regelmäßig und in verschiedenen Situationen machst, wird es Dir immer leichter fallen auch die kleinsten Glücksmomente zu finden.

4. Den Wald erleben!

Diese Meditationsübung eignet sich perfekt für die ganze Familie. Dabei unternehmt ihr gemeinsam einen kurzen Ausflug in den Wald. Es gibt viele Waldwege, die für den Kinderwagen geeignet sind. Wenn das nicht der Fall ist, kann bei Babys auch ein Tragetuch verwendet werden.

Nehmt eine Picknickdecke sowie etwas zu essen und trinken mit. Mit einem kleinen Kind sollte die Ausflugsdauer zwei Stunden nicht überschreiten. Sobald Ihr am Ziel angekommen seid, macht es Euch auf der Picknickdecke gemütlich und nehmt die Umgebung gewusst wahr. Jeder Baum und jedes Blatt sind voller Leben. Hört Ihr wie der Wind mit dem Laub seine Melodie vorspielt? Seht Ihr das Eichhörnchen, das seine Nüsse versteckt und die Sonnenstrahlen, die zwischen den Ästen hindurchscheinen? Hört Ihr die Vögel, die fröhlich ihr Lied singen? Unsere Natur ist wundervoll und bietet viele tolle Überraschungen. Genießt die gemeinsame Familienzeit. Berichtet Euch gegenseitig das Erlebte. Auch kleine Kinder, die bereits reden können, dürfen selbstverständlich ihre Geschichte erzählen. Am Abend kannst Du Deinem Kind eine Gute-Nacht-Geschichte über den »Märchenwald« erzählen. Baue bewusst die Erlebnisse des Familienausfluges in die Geschichte ein. So kannst Du Deine Erlebnisse noch einmal reflektieren und zur Ruhe kommen.

5. Das Zusammenspiel: Emotionen – Körper – Wünsche – Gedanken

Um sich als Individuum gut zu verstehen, ist es wichtig, den eigenen Körper sowie Gefühle, Gedanken und Bedürfnisse bewusst wahrzunehmen.

In der Hektik alltäglicher Ereignisse hören viele Menschen auf, auf ihre Gefühle und Wünsche zu achten. Ja, manche schaffen es sogar, die Grundbedürfnisse des Körpers zu ignorieren.

Um zu sich selbst zurückzukehren und sich besser kennenzulernen, bietet sich eine kurze Meditationsübung an, die sich auf körperliche Empfindungen, Emotionen, Gedanken und Wünsche konzentriert. Diese Übung dauert nicht länger als 1-2 Minuten. Du kannst gleich mitmachen.

11. Zwei beste Freundinnen: Meditation und Achtsamkeit

So geht es:

Atme tief ein und aus. Fokussiere Dich auf Deinen Körper und nimm Dir einen Moment Zeit, um den körperlichen Empfindungen bewusst zu werden. Gibt es Spannungsbereiche? Spürst Du eine Leichtigkeit im Körper oder vielleicht ein Schweregefühl? Richte Deine Aufmerksamkeit auf verschiedene Körperteile. Welche Gefühle hast Du dabei?

Nun achte auf Deine Emotionen. Versuche sie zu beschreiben. Bist Du traurig, glücklich, enttäuscht, dankbar? Wenn Du in der vorherigen Phase körperliche Empfindungen festgestellt hast, versuche zu verstehen welche Emotionen hinter diesen Empfindungen stecken.

Jetzt kannst Du Dich auf die Gedanken konzentrieren. Worüber denkst Du gerade nach? Hast Du einen regen Gedankenfluss oder vielleicht eine angenehme Leere?

Nun kannst Du Dir folgende Frage stellen: »Was will ich jetzt?« Sobald Du auf diese Frage eine Antwort hast, konzentriere Dich einige Sekunden lang auf Deinen Wunsch. Es kann passieren, dass Du zunächst Deine Wünsche nicht wirklich identifizieren kannst. Das macht nichts. Die regelmäßige Meditation hilft Dir Dich und Deine Wünsche einfacher zu verstehen.

Für diese schnelle Meditationsübung brauchst Du 1-2 Minuten. Ich empfehle Dir sie drei- bis viermal am Tag in verschiedenen Situationen durchzuführen. Das heißt, insgesamt wirst Du für diese Übung höchstens acht Minuten pro Tag aufwenden, aber bereits nach einiger Zeit, wirst Du merken wie tiefgreifend die Auswirkungen sind. Probiere es unbedingt aus.

6. Meditation beim Essen

Tatsächlich ist Meditation beim Essen eine Kombination aus der 1. und 2. Übung. Dein Ziel ist es, bewusster und langsamer zu essen als gewöhnlich. In diesem Fall sollte Deine ganze Aufmerksamkeit auf den Prozess der Nahrungsaufnahme gerichtet sein.

So geht es:

Fühle Deinen Körper und sei Dir Deiner Atmung bewusst. Atme tief ein und aus, schaue auf Dein Essen. Nimm Dir einen Moment Zeit, um bewusst wahrzunehmen, wie die Lebensmittel aussehen. Achte dabei auf die Details: Farben, Formen und Konsistenz.

Was passiert in Dir, wenn Du das Essen ansiehst? Möchtest Du schnell ein Stück abbeißen? Oder merkst Du vielleicht, dass Du gar nicht hungrig bist? Oft essen Menschen aus Gewohnheit, ohne die wahren Bedürfnisse ihres Körpers wahrzunehmen.

Nachdem Du das Essen visuell untersucht hast, konzentriere Dich auf den Geruch. Versuche die kleinsten Geruchsnuancen zu spüren. Oft schenken wir unserem Essen keine Aufmerksamkeit, wir essen schnell, um den Hunger zu stillen. Zum Beispiel hat sogar Wasser seinen eigenen Geruch, obwohl die meisten Menschen denken, dass es geruchsneutral ist. Entdecke Dinge, die Du vorher nicht beachtet hast.

Nimm eine kleine Menge des Essens in den Mund. Fühle die Temperatur, Konsistenz und den Geschmack von Lebensmitteln. Kaue langsam, um die besten Aromen zu entdecken.

Was sind die Vorteile des Meditierens beim Essen?

Viele Mütter essen aufgrund des Zeitmangels viel zu schnell. Und da das Sättigungsgefühl erst nach etwa 15 Minuten eintritt, essen wir auch oft viel zu viel. Auch bei Stress neigen viele zum übermäßigen Essen, mich eingeschlossen. Meditation verhilft zur bewussten Nahrungsaufnahme. Indem wir uns auf das Essen konzentrieren, kehren wir in den gegenwärtigen Moment zurück und können das Essen mehr genießen.

7. Das innere Lächeln

Es ist ziemlich offensichtlich, dass die Meditation sich nicht nur positiv auf die praktizierende Person auswirkt, sondern auch auf ihre Umgebung. Die Menschen sind dazu da, um positive Gefühle, Liebe, emotionale Wärme sowie Freundlichkeit zu fühlen und werden automatisch von all diesen wunderbaren Gefühlen angezogen. Daher ist das innere Lächeln eine wunderbare Meditationstechnik, die das Auftreten von Freude in einem Menschen fördert und sich positiv auf seine Umwelt auswirkt. Diese Meditation nimmt nicht viel Zeit in Anspruch, es reicht aus, sich für 10-15 Minuten zurückzuziehen, bequem zu sitzen und die Augen zu schließen. Stell Dir vor, dass ein helles, warmes Sonnenlicht auf Dich fällt und jedes Organ, jedes Gefäß, jede Zelle Deines Körpers mit der Energie der Liebe, des Lächelns und Glücks füllt.

Wiederhole diese Übung regelmäßig und Du wirst schnell merken, dass Du mehr Freude am Leben hast und Deinen Mitmenschen ein Gefühl von Frieden und Wärme schenkst.

8. Meditation der Dankbarkeit

Diese kurze Meditationsübung sollte abends vor dem Schlafen durchgeführt werden.

So geht es:

Atme tief in den Bauch ein und wieder aus. Schließe die Augen und versuche, Dich an die Ereignisse des Tages zu erinnern. Konzentriere Dich auf die schönsten drei Momente, für die Du dankbar bist und die in Dir glückliche Emotionen hervorrufen. Dankbarkeit ist kein Gedanke, sondern ein Gefühl.

Wofür bist Du dankbar? Für das Lächeln Deines Kindes? Für den Sonnenstrahl, der auf Deiner Haut spielte, während Du den leckeren Kaffee genossen hast? Für die spontane Umarmung von Deinem Partner und ein »Ich liebe Dich«?

Sei dankbar für das, was Du hast.

11. Zwei beste Freundinnen: Meditation und Achtsamkeit

Gemeinsames Meditieren mit dem Kind

Als Mama hat man nicht immer Zeit für sich, deshalb bieten sich Meditationsübungen, die gemeinsam mit dem Kind durchgeführt werden können, perfekt an. Dabei ist zu beachten, dass die Kinder im Gegensatz zu erwachsenen Menschen weniger Geduld haben und ihre Aufmerksamkeit nur wenige Minuten aufrechterhalten können. Wenn man sich jedoch an bestimmte Regeln hält, kann Meditation wunderbar als ein gemeinsames Erlebnis fungieren.

Die Techniken sollen vor allem an das Alter des Kindes angepasst und die Übungen spielerisch aufgebaut werden. So haben auch die Kleinsten viel Spaß dabei und die Mamas erleben das Meditieren aus einer ganz neuen Perspektive.

1. Die Melodie der Klangschale

Dauer: 3 Minuten
Geeignet für Kinder ab eineinhalb Jahren
Du brauchst: eine kleine Klangschale und Lederklöppel

Dein Kind soll sich gemütlich auf den Rücken legen und die Augen schließen. Nimm nun eine kleine Klangschale und stell diese auf den Bauch des Kindes. Zunächst ist das Gewicht der Klangschale für das Kind gut spürbar, es gewöhnt sich aber schnell daran. Nun schlägst Du mit dem Lederklöppel ganz leicht auf die Schale. Hört beide ganz bewusst dem Klang zu. Er breitet sich im gesamten Raum aus und Dein Kind spürt die sanfte Vibration in seinem Körper.

Beim ersten Schlag kann es passieren, dass das Kind sich kurz erschreckt. Keine Sorge, nach einigen Wiederholungen wird es die Schwingungen mit all seinen Sinnen wahrnehmen. Diese Übung festigt die körperliche Wahrnehmung und animiert zum genauen Zuhören und Spüren. Die emotionale Balance wird gestärkt.

2. Das Wort der Magie »OM«

Dauer: 3 Minuten
Geeignet für Kinder ab zwei Jahren

Wenn uns plötzlich alles zu viel wird, kann zur Beruhigung das Mantra »OM« verwendet werden. Das »OM« hat auf den menschlichen Geist eine entspannende Wirkung und hilft schneller wieder zur Ruhe zu kommen. Du und Dein Kind liegen mit geschlossenen Augen und atmen ruhig durch die Nase. Beim Ausatmen singt ihr gemeinsam ein langes »OOOOOMMMMM«. Die Lautstärke nimmt zum Ende hin ab und endet mit einem vollständigen Ausatmen. Wiederholt diese Übung mehrmals.

3. Der kleine Springbrunnen

Dauer: 3 Minuten
Geeignet für Kinder ab einem Jahr
Du brauchst: eine kleine Klangschale, Lederklöppel und ein wenig Wasser

11. Zwei beste Freundinnen: Meditation und Achtsamkeit

Eine wunderbare Meditationsübung, die das genaue Hinhören und Hinsehen fördert. Kinder ab etwa einem Jahr können diese Übung bereits selbstständig durchführen. Fülle eine Klangschale mit ein wenig Wasser. Nun wird die Schale ganz leicht mit einem Lederklöppel geschlagen. Durch die Vibration springt das Wasser nach oben – ein Springbrunnen entsteht. Die Springhöhe vom Wasser kann durch unterschiedliche Wassermenge sowie Schlagstärke variiert werden. Eine Übung, die fördert, entspannt und unglaublich viel Spaß macht!

4. Einmal in die Karibik und zurück

Dauer: 3 Minuten
Geeignet für Kinder ab zwei Jahren

Diese Meditationsübung ist ganz einfach und fördert die Konzentration, das Körpergefühl sowie die Fantasie. Ihr könnt diese Übung sowohl im Liegen als auch im Sitzen durchführen. Nehmt eine angenehme Pose an und schließt Eure Augen. Nun macht ihr mit Fingerkuppen die Ohren zu. Es dürfen keine Geräusche von der Außenwelt wahrgenommen werden. Nun atmet Ihr ganz tief ein und aus. Das Geräusch, welches dabei wahrgenommen wird, erinnert an das Meeresrauschen und wirkt sehr beruhigend.

Body-Scan

Der alltägliche Stress führt oft dazu, dass wir nur noch funktionieren. Wir verlieren die Fähigkeit, die Weisheit unseres Körpers zu nutzen und hören auf, die Signale zu hören, die er uns sendet. Das Scannen des Körpers wird heutzutage unverzichtbar, um die verlorene Verbindung mit dem eigenen Körper wiederherzustellen.

Die Body-Scan-Meditation ist ein sehr nützliches Instrument, um sich dieser Empfindungen und ihrer Auswirkungen auf unser Leben bewusst zu werden. Es ermöglicht uns, Stresssignale frühzeitig zu erkennen und zu entscheiden, wie wir darauf reagieren möchten. Mit dieser Praxis können wir versuchen, Stress auszugleichen, bevor er uns langfristige Probleme bereitet.

Die Body-Scan-Meditation ist eine eingehende Erforschung der Erfahrung des eigenen Körpers.

Während dieser Meditation bewegst Du Deinen inneren Blick auf verschiedene Bereiche Deines Körpers und bemerkst alle Empfindungen, die in Dir entstehen.

Eine Body-Scan-Übung ist ideal für Anfänger und eine der wichtigsten Achtsamkeitspraktiken.

Die Anspannung und das Unbehagen, die Du in Deinem Körper empfindest, können Indikatoren für Deinen emotionalen Zustand sein. Denn Gedanken und Emotionen sind untrennbar mit körperlichen Empfindungen verbunden.

11. Zwei beste Freundinnen: Meditation und Achtsamkeit

Der Zweck der Übung besteht nicht darin, etwas zu ändern oder zu »reparieren«, sondern einfach zu beobachten und zuzuhören, was Dir Dein Körper sagen möchte.

Welche Vorteile bringt der Body-Scan?

- Du lernst mit Verspannungen im Körper umzugehen.
- Du verstehst den Zusammenhang zwischen Emotionen und körperlichen Empfindungen.
- Du bist in der Lage, körperliche Empfindungen als Schlüssel für Deinen emotionalen Zustand zu verwenden.

Wie funktioniert der Body-Scan?

Wenn die Menschen gefragt werden: »Welche Empfindungen sind jetzt in ihrem Körper vorhanden?« So antworten viele: »Nichts Besonderes. Alles ist wie gewohnt.« Eine solche Antwort bedeutet nicht, dass es im Körper keine Empfindungen gibt. Eine solche Antwort sagt aus, dass ein Mensch so an seine Gefühle gewöhnt ist, dass er sie nicht mehr bemerkt. Versuche deshalb Empfindungen zu empfangen, die Du normalerweise nicht spürst.

Leite Deine Aufmerksamkeit von einem Körperteil auf den anderen. Nimm Dir die Zeit und versuche, jeden Teil Deines Körpers zu spüren. Wenn Du unterbrochen wirst oder aus zeitlichen Gründen mittendrin aufhören musst, ist es nicht schlimm. Mach einfach später mit dem Körperteil weiter, mit dem Du aufgehört hast.

Body-Scan: Schritt für Schritt

Nimm eine bequeme Körperhaltung ein. Schließe Deine Augen und richte Deine Aufmerksamkeit auf die einfachen Empfindungen im Körper. Fühle die Körperhaltung, in der Du bist. Konzentriere Dich auf jeden Atemzug und spüre wie sich Brust und Bauch beim Atmen bewegen. Beim Einatmen dehnen sie sich aus, beim Ausatmen ziehen sich wieder zurück.

Fühle, wie die kühle Luft in die Nasenhöhle gelangt, beim Ausatmen ist sie wärmer. Spüre den Temperaturunterschied. Spürst Du, wie sich die Lunge beim Einatmen mit Luft füllt und beim Ausatmen der Luftstrom den Körper verlässt? Verfolge diesen Vorgang.

Dein innerer Blick wandert zu den Händen, nimm Deine Handflächen, Finger und Handrücken bewusst wahr. Welche Empfindungen hast Du? Entspannung, Anspannung, Wärme, Kälte, Kribbeln, Pochen, Schwere, Leichtigkeit? Versuche die kleinsten Empfindungen zu beachten.

Lenke nun Deine Aufmerksamkeit langsam von den Händen zu den Armen und dann zu den Schultern. Fühle die Muskeln im Nacken, Hals, Hinterkopf und Gesicht. Kehre zu den Schultern zurück und widme Dich Deiner Brust. Fühle, wie sie sich bewegt, während Du atmest. Die Rippen heben und senken sich langsam beim Ein- und Ausatmen. Fühle den Rücken, den Bauch, die Beckenregion, das Gesäß, die Oberschenkel, die Knie, die Beine und die Füße.

Durch einfache Beobachtung treten langsam Veränderungen im Körper auf. Plötzlich kann eine festgestellte Verspannung in Entspannung übergehen. Dies kann wie folgt erklärt werden: In einer Stresssituation entstehen in unterschiedlichen Körperregionen Spannungen, die wir zunächst gar nicht bemerken. Nun, wenn wir ganz bewusst alle Bereiche des Körpers wahrnehmen und gedanklich entspannen, werden diese Verspannungen gelöst.

Die Body-Scan-Meditation führt oft zu einer tiefen Entspannung. Es kann jedoch vor allem in der Anfangsphase passieren, dass Du während dieser Übung unangenehme Gefühle empfindest. Versuche diese negativen Empfindungen mental anzulachen und ihnen eine positive Energie zu senden.

Stell Dir einen blauen Himmel mit ein paar weißen Wolken vor. Auf den ersten Blick scheint nichts zu passieren, der Himmel ist die ganze Zeit gleich bewölkt. Wenn Du aber genau hinschaust, kannst Du feststellen, dass sich die Wolken ständig bewegen. Dies geschieht sehr langsam, sodass die Bewegung nur bei sorgfältiger Beobachtung bemerkt werden kann. Genau das Gleiche passiert mit unseren Empfindungen. Sie haben eine fließende Eigenschaft und können sich jederzeit ändern.

Wenn Du regelmäßig die Body-Scan-Meditation praktizierst, wirst Du viele neue Erkenntnisse über Deinen eigenen Körper gewinnen. Diese Meditationstechnik hilft auch, die eigenen Emotionen besser zu verstehen. Denn jede Emotion manifestiert sich im Körper durch eine Veränderung des Muskeltonus (Grundspannungszustand eines Muskels) in Form offensichtlicher oder subtiler körperlicher Empfindungen. Wenn Du diese körperlichen Empfindungen bewusst wahrnimmst, erkennst Du Emotionen, die hinter diesen Empfindungen verborgen sind.

12. Sport als Stresskiller

12. Sport als Stresskiller

Übergewicht nach der Schwangerschaft ist ein häufiges Problem junger Mütter. Obwohl unmittelbar nach der Geburt des Kindes die meisten der gewonnenen Pfunde verschwinden, kann sich der Körper aufgrund der hormonellen Umstellung und der Alltagssorgen des neuen Mama-Alltags immer noch erheblich verändern.

Ich kann nicht sagen, dass ich in meinen zwei Schwangerschaften übermäßig viel zugenommen habe. Am Ende der ersten Schwangerschaft waren es etwa 12 Kilogramm und in der zweiten rund 10 Kilogramm, was völlig normal ist. Ich kenne jedoch viele Frauen, die in der Schwangerschaft bis zu 30 Kilogramm zugenommen haben und darüber sehr unglücklich sind. Die Unzufriedenheit mit der Gewichtszunahme und den daraus resultierenden körperlichen Veränderungen kann den Stresslevel der Mutter zusätzlich erhöhen und zur depressiven Verstimmung beitragen. An dieser Stelle möchte ich Dir den Druck nehmen und folgendes ans Herz legen: Du hast einem Menschen das Leben geschenkt. Vergiss das nicht. Du und Dein Körper haben eine großartige Arbeit geleistet. Wenn Deine Figur nicht in Topform ist und noch einige Kilos an Dir kleben, bist Du nicht weniger wert. Du bist toll! Je mehr Du Dich unter Druck setzt, desto schwieriger wird sich die Gewichtsabnahme und Dein Alltag gestalten. Also, lass Dir und Deinem Körper Zeit.

Auch meine Figur hat sich verändert, trotz der normalen Gewichtszunahme. Nach den Geburten hatte ich noch etwa 5 – 6 Kilogramm mehr drauf. Ich war zuversichtlich: *»In der Stillzeit werden sicherlich auch die restlichen Kilos purzeln.«* Viele Frauen nehmen dank des erhöhten Kalorienbedarfs in der Stillzeit sehr viel ab, bei mir war es leider nicht der Fall.

12. Sport als Stresskiller

Durch eine starke hormonelle Umstellung und ein paar Schoko-Sünden als Nervennahrung habe ich sogar einige Kilos zugenommen. Irgendwann kam der Zeitpunkt, an dem ich mich in meinem Körper nicht mehr wohl gefühlt habe und ich unbedingt etwas dagegen unternehmen wollte. Durch gesunde Ernährung und viel Bewegung habe ich es geschafft, wieder mein Wohlfühlgewicht zu erreichen. Nun möchte ich Dir meine Tipps und Empfehlungen weitergeben, Dir zeigen, wie Du die Sportübungen in Deinen Mama-Alltag hervorragend integrieren kannst. Du lernst Dich gemeinsam mit Deinem Kind sportlich zu betätigen, an der Bewegung viel Spaß zu haben und achtsam mit Deinen körperlichen Bedürfnissen umzugehen.

Eine Schwangerschaft ist ein Wunder. Dein Körper war ungefähr neun Monate lang ein gemütliches Zuhause für einen neuen Erdenbürger. Eine Höchstleistung! Um dem Kind das Wohlfühlen zu ermöglichen und Dich auf die Geburt vorzubereiten, haben sich Deine Bauchmuskeln gedehnt, die Hüfte wurde breiter, die Elastizität Deiner Haut hat sich verändert. Für jede Frau ist eine Schwangerschaft ein komplexer Prozess, der mit hormonellen Veränderungen im gesamten Körper verbunden ist.

Die vollständige Erholungszeit ist für jede Frau individuell. Wie schnell der Körper wieder seine Wohlfühlform erreicht, ist abhängig vom Alter und der körperlichen Gesundheit der Mutter. Ich weiß, die Müdigkeit nach der Geburt, schlaflose Nächte, ständige Babypflege sowie Angst um das Neugeborene sind nicht gerade die besten Voraussetzungen für den Sport. Für die frischgebackene Mama ist es besonders wichtig, auf ihre eigenen Gefühle zu hören und ihren Tag unabhängig von körperlicher Bewegung zu planen.

Vielen Frauen fällt es nach der Geburt schwerer, überschüssige Pfunde zu verlieren. Dafür gibt es viele Gründe. Im ersten Lebensjahr gehört die Aufmerksamkeit der Mutter ganz dem Baby. Darüber hinaus sollten in der Stillzeit strenge Diäten und Kraftübungen vermieden werden. Körperliche Aktivität ist nach der Geburt zwar nicht verboten, aber es ist wichtig, dass Du Dich nicht hetzt. Starke körperliche Anstrengung und eine plötzliche Erhöhung des Bewegungslevels können sich negativ auf Deine Gesundheit auswirken. Es besteht das Risiko einer verminderten Produktion von Muttermilch, in schweren Fällen ist sogar eine Uterusblutung möglich. Etwa sechs Wochen nach einer natürlichen Geburt ohne Komplikationen kannst Du langsam mit dem Sport anfangen.

Sport nach dem Kaiserschnitt

Der Kaiserschnitt ist ein chirurgischer Eingriff bei der Geburt. Die Erholungsphase ist im Vergleich zur natürlichen Geburt länger und erfordert von der Frau mehr Achtung auf ihre eigene Gesundheit. Bevor Du mit dem Sport anfängst, muss die postoperative Wunde völlig verheilt sein. Gibt es keine Komplikationen, kannst Du etwa drei Monate nach dem Kaiserschnitt mit leichten Übungen anfangen. Kraftvolle Übungen werden erst sechs Monate nach der Geburt empfohlen. Bevor Du mit dem Sport anfängst, solltest Du unbedingt Deinen Frauenarzt konsultieren. Hast Du grünes Licht? Dann fange langsam an, steigere die Dauer und die Schwere des Trainings so, dass Du Dich dabei immer wohlfühlst.

12. Sport als Stresskiller

Erholungsphasen nach der Geburt

Der Wunsch der frischgebackenen Mutter, die verlorene Form so bald wie möglich nach der Geburt zurückzugewinnen, ist verständlich. Jedoch kann eine zu frühe körperliche Aktivität zu unterschiedlichen Komplikationen führen. Unmittelbar nach der Geburt ist Sport absolut inakzeptabel. Der Hauptgrund dafür ist das sehr hohe Risiko für Blutungen der Gebärmutter. Der Körper hat sich in der Schwangerschaft verändert und benötigt nun auch Zeit, um diese Veränderungen rückgängig zu machen. Du hast sicherlich den Spruch »Neun Monate kommt es, neun Monate geht es« schon gehört. Als zweifache Mutter kann ich diese Weisheit definitiv bestätigen. Neun Monate lang hat sich Dein Körper verändert, gib ihm bitte auch die Zeit, um sich zu erholen und wieder in die ursprüngliche Form zurückzukehren.

Nach der Geburt eines Babys erfährt der Körper einer Frau eine Reihe bedeutender Veränderungen:

- Die Gebärmutter zieht sich allmählich zusammen und kehrt zu ihrer ursprünglichen Größe sowie Position zurück.
- Nach dem Abgang der Plazenta verbleibt eine Wunde, die ausreichend Zeit zum Verheilen benötigt.
- Die während der Schwangerschaft verlagerten Beckenknochen und inneren Organe kehren an ihren Platz zurück.

12. Sport als Stresskiller

Welche Sportarten sind empfehlenswert?

Die Devise lautet: Weniger ist mehr. Wichtig ist, dass Du nichts überstürzt und Schritt für Schritt die körperliche Aktivität steigerst. Zunächst sollte sich Dein Körper an die Bewegungen ohne den Babybauch wieder gewöhnen. Das regelmäßige Spazierengehen eignet sich hervorragend dazu und ist wunderbar mit einem Kinderwagen machbar. So kannst Du gleich zwei Fliegen mit einer Klatsche schlagen: Du bewegst Dich und Dein Kind genießt die Fahrt mit dem Kinderwagen an der frischen Luft. Wenn es Dir gut geht, kannst Du nach Rücksprache mit dem Frauenarzt die Intensität und die Dauer des Trainings erhöhen. Höre beim Sport achtsam auf die Empfindungen in Deinem Körper. Wenn Du Dich müde fühlst, zu schnelle Herzfrequenz und Muskelschmerzen hast, reduziere das Tempo und die Dauer der Trainingseinheit.

Sportliche Aktivität nach der Entbindung ist nicht verboten. Aber die Zeit, die dafür benötigt wird, um zu einem vollwertigen Training zurückzukehren, ist bei jeder Frau unterschiedlich. Es hängt stark davon ab, wie die Geburt verlaufen ist und wie es der Mutter geht.

Sport und Stillen

Vielen Mütter machen sich Sorgen, dass sie aufgrund des Stillens keinen Sport treiben dürfen. Sport ist nicht gleich Sport. Es ist tatsächlich so, dass sehr intensive Sportübungen den Milchfluss beeinträchtigen. Zudem können ruckartige

Bewegungen zu Schmerzen in den Brüsten führen. Deshalb sind sanfte Sportaktivitäten wie Yoga oder Pilates zu wählen. Hierbei werden nicht nur die Muskeln des ganzen Körpers gestärkt, auch die Psyche kann dank der meditativen Wirkung dabei gut entspannen. Auch Schwimmen gilt als idealer Sport für junge Mütter. Es belastet den Rücken nicht und stärkt alle Muskeln.

Übungen für Bauch, Brust und Rücken

Die meisten Frauen haben nach der Geburt Probleme mit ihrer Figur. Vor allem die Muskeln am Bauch, Brust und Rücken sind am stärksten betroffen und müssen gestärkt werden. Es ist zu beachten, dass Übungen zur Stärkung der Bauchmuskulatur frühestens 6 bis 8 Wochen nach der normalen Geburt und etwa 3 Monate nach dem Kaiserschnitt durchgeführt werden können. Die Bauchmuskulatur darf erst dann trainiert werden, wenn sie wieder die ursprüngliche Position angenommen hat und es keinen Spalt zwischen den Muskelgruppen mehr gibt. Ob das der Fall ist, kannst Du ganz einfach überprüfen: Drücke gefühlvoll mit Deinen Fingern oberhalb des Bauchnabels. Ist der Spalt nicht mehr zu ertasten, dann kannst Du langsam mit den Bauchübungen anfangen.

Beginne mit minimalen Belastungen und erhöhe diese schrittweise. Dadurch werden Verstauchungen, Überlastungen und Verletzungen vermieden. Versuche die Übungen zunächst jeden zweiten Tag zu machen. Wenn Du Dich gut fühlst, kannst Du langsam zum täglichen Training übergehen. Jede Übung sollte zunächst 2-3-mal durchgeführt werden und sich allmählich 15 Wiederholungen nähern.

Übungen für den Bauch

Die folgenden Übungen stärken Deine Bauchmuskeln:

Übung 1

Lege Dich in Bauchlage auf den Boden. Die Beine sind zusammen und Deine Ellenbogen befinden sich unterhalb Deiner Schultern. Nun hebst Du Deinen Körper vom Boden ab und spannst Deinen Bauch an. Deine Arme bilden umgedrehtes »V«. Achte darauf, dass Dein Rücken immer gerade ist. Sollte diese Übung noch zu schwierig sein, kannst Du sie auch ruhig erst einmal auf Knien durchführen. Atme gleichmäßig und ruhig. Halte diese Position zunächst zehn Sekunden lang. Du kannst die Dauer langsam auf bis zu sechzig Sekunden steigern. Beginne langsam, anfangs mit zwei Wiederholungen, dann mit drei, vier, fünf.

Übung 2

Diese Übung wird auf dem Rücken liegend durchgeführt. Die Knie sind gebeugt und der Rücken liegt flach auf dem Boden. Drücke nun mit Deinem Rücken fest gegen den Boden, spanne dabei Deine Bauchmuskeln an und hebe Dein Becken. Halte diese Position einige Sekunden.

Übung 3

Halte in der Rückenlage die Hände hinter dem Kopf und hebe den Oberkörper leicht an, sodass nur die Schultern vom Boden abheben. Halte diese Position für einige Sekunden. Achte dabei auf eine gleichmäßige Atmung. Beim Aufrichten solltest Du ausatmen und beim Absenken des Oberkörpers einatmen.

12. Sport als Stresskiller

Übungen für die Brust

Die folgenden Übungen stärken Deine Brustmuskulatur und tragen zu einer schönen Brustform bei.

Übung 1

Stell Dich aufrecht hin, die Füße schulterbreit auseinander. Nun verschränke die Arme auf Brusthöhe und drücke mit den Händen gegen Dich. Diese Übung stärkt die seitlichen Brustmuskeln.

Übung 2

Bei dieser Übung solltest Du versuchen Deine Arme zu trennen, während die Finger miteinander verflochten bleiben. Spanne dabei die Muskeln der Schultern und der Brust an.

Übung 3

Diese Übung wird vor einer Wand durchgeführt. Die Hände werden dabei ausgestreckt und Handflächen auf Schulterhöhe gegen die Wand gedrückt. Erhöhe den Druck allmählich, als ob Du die Wand verschieben willst. Halte die angespannte Position 10-15 Sekunden an.

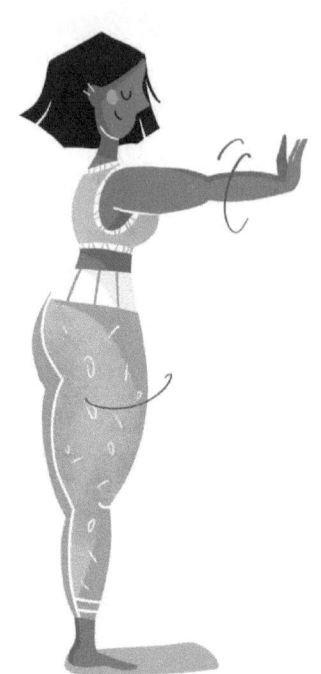

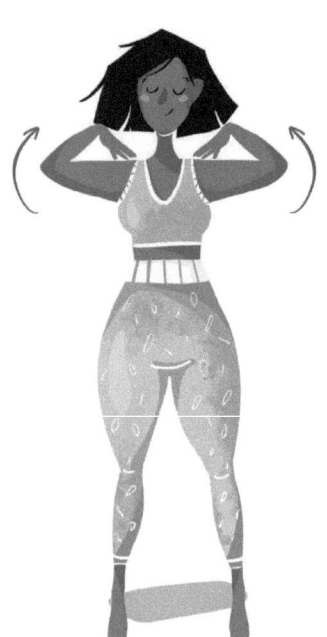

Übung 4

Nimm eine stehende Position ein, die Füße schulterbreit auseinander. Beuge Deine Ellbogen und drücke mit den Fingerspitzen auf die Schultern. Führe Rotationsbewegungen mit Deinen Händen zuerst vorwärts und dann rückwärts aus.

Übung 5

Stell Dich gerade hin, die Arme hängen locker an den Seiten. Nun hebe beide Hände nach vorne und schwinge sie in Richtung Deines Rückens. Wiederhole diese Übung 20 Mal.

12. Sport als Stresskiller

Übungen für den Rücken

Der Rücken ist während der Schwangerschaft besonders belastet. Wenn Du keine Probleme mit der Wirbelsäule hast, kann ich Dir die folgenden Übungen empfehlen:

Übung 1

Stell Dich in den Vierfüßlerstand. Deine Handflächen sollten sich direkt unter Deinen Schultern befinden und die Ellbogen während der gesamten Übung gerade bleiben. Entspanne beim Einatmen Deinen Bauch und krümme sanft Deine Wirbelsäule. Stell Dir vor, Du versuchst, mit dem Steißbein den Hinterkopf zu erreichen. Neige nun beim Ausatmen Dein Kinn in Richtung Brust, spanne die Bauchmuskeln an und runde Deinen Rücken so weit wie möglich ab. Mache 5-7 Wiederholungen. Diese Übung streckt sanft die Wirbelsäule, stärkt die Bauchmuskeln, verbessert die Durchblutung und hilft auch Verspannungen in Rumpf, Schultern und Nacken zu lösen.

Übung 2

Bleibe weiterhin im Vierfüßlerstand. Strecke gleichzeitig Deinen rechten Arm und Dein linkes Bein aus. Versuche sie so hoch wie möglich zu heben. Spanne Deine Bauchmuskeln an und halte diese Position für 10-20 Sekunden. Kehre in die Ausgangsposition zurück. Mache nun dasselbe mit dem linken Arm und rechten Bein. Wiederhole diese Übung 10-mal auf jeder Seite. Es stärkt die Muskeln von Rücken, Armen, Beinen und Gesäß. Starke Bauch- und Rückenmuskeln helfen wiederum dabei, die Wirbelsäule zu stabilisieren und verbessern die Körperhaltung.

Übung 3

Diese Übung entspannt die Schultermuskeln, lindert Rückenschmerzen und stärkt die Brustmuskulatur. Stell Dich aufrecht hin und strecke Deine Arme zur Seite. Dann beuge Deine Ellbogen im rechten Winkel. Die Handflächen zeigen dabei nach vorne. Nun ziehst Du Deine Schultern so weit wie möglich nach hinten, sodass Deine Schulterblätter sich fast berühren. Stell Dir vor, zwischen ihnen befindet sich ein Stift, der nicht fallen sollte. Halte diese Position 20-30 Sekunden lang.

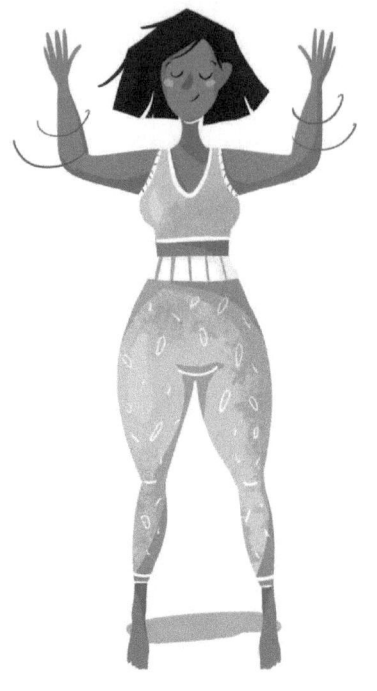

Baby-Schwimmen

Schwimmen ist eine der gesündesten Formen der Bewegung für Babys. Schwimmen stärkt die Muskeln, die Gelenke und wirkt sich positiv auf die mentale Gesundheit aus. Das Training im Wasser ermöglicht den Babys ein tolles Erlebnis in einer völlig neuen Dimension. Einerseits fallen die Bewegungen im Wasser leichter, andererseits wird gleichzeitig Widerstand geschaffen. Dies ist eine ganz neue, aufregende und positive Erfahrung, die den Kindern und ihren Eltern guttut und ihre Beziehung stärkt. Du, als Mama kannst in der Zeit des Baby-Schwimmens Dein Kind achtsam beobachten, fühlen und dabei selbst entspannen. Die sanften Bewegungen des Wassers wirken beruhigend und tragen zur Stressreduktion bei.

Die meisten Babys lieben von Natur aus das Planschen im Wasser, denn sie haben neun Monate lang den Luxus eines eigenen Pools im Bauch ihrer Mutter genossen und kennen das Phänomen Wasser sehr gut. Ein frühes Schwimmtraining ermöglicht es, den Tauchreflex, der in den ersten 3 Monaten nach der Geburt anhält, aufrechtzuerhalten und weiterzuentwickeln. Etwa ab einem Jahr entwickeln die meisten Kinder Angst vor Wasser, daher ist es empfehlenswert, mit dem Schwimmen vor dem ersten Geburtstag zu starten.

Folgende Vorteile bietet das Schwimmen für Dich und Dein Kind:

Das Schwimmen
- bietet ein umfassendes Körpertraining, da fast alle Muskelgruppen beim Schwimmen verwendet werden.
- stimuliert die Blutversorgung.
- erhöht die Beweglichkeit der Gelenke.
- verbessert die Koordination, das Gleichgewicht und die Haltung.
- trainiert Ausdauer, entwickelt Herz und Lunge.
- erhöht die Resistenz gegen Infektionskrankheiten.
- stimuliert die geistige und intellektuelle Entwicklung.
- verbessert Schlaf und Appetit.
- reduziert Stress.
- stärkt die Mutter-Kind-Bindung.
- entwickelt die Achtsamkeit gegenüber dem eigenen Körper.

Folgende Utensilien braucht Dein Kind für das Schwimmtraining: Schwimmwindeln, normale Windel, Handtuch oder Bademantel mit Kapuze, Wechselwäsche. Bei Kleinkindern sollte man zudem an die Badeschuhe denken. Auch mehrere schwimmende Spielzeuge erhöhen den Spaßfaktor.

Fitnessübungen für zu Hause

Auf diesen Moment habe ich gewartet! Ich bin eine Mutter – ein überwältigendes Gefühl! Das Leben funkelt nun in neuen Farben. Mit dem freudigen Ereignis kamen aber auch die endlosen Aufgaben, schlaflose Nächte, Dauermüdigkeit und das Verlangen etwas für den eigenen Körper zu machen. Als dick konnte ich mich nicht bezeichnen, aber an einigen Stellen war ich wie ein entleerter Luftballon. Im Spiegel sah ich eine erschöpfte und »formlose« Frau. Es war Zeit zu handeln.

Eine kleine Rechnung: Um fit und gesund zu bleiben, benötigt ein Mensch in einem normalen gesundheitlichen Zustand etwa 90 Minuten Sport pro Woche. Für größere Ziele wie zum Beispiel Muskelaufbau, braucht es mehr Zeit.

Um Gewicht zu verlieren und nach der Schwangerschaft wieder in Top-Form zu kommen, werden in der Regel mehr Sporteinheiten benötigt. Das heißt, eine frischgebackene Mutter muss, je nach körperlicher Verfassung, 120 bis 240 Minuten pro Woche für Sport aufwenden. Viel Zeit, die mit einem kleinen Kind als ein Luxusgut betrachtet werden kann.

Es gibt verschiedene Möglichkeiten, um Zeit für sportliche Aktivität zu gewinnen.

Die erste Möglichkeit, die sofort in den Sinn kommt: Vater, Großeltern, Freunde. Das Kind den vertrauten Menschen in die Betreuung abzugeben, ist definitiv die einfachste Methode. Die Vorteile liegen auf der Hand: Du kannst Dich auf die sportliche Aktivität konzentrieren, während Dein Kind verwöhnt wird. Es gibt jedoch auch einen großen Nachteil – die Abhängigkeit von den anderen. Das heißt, Dein Training hängt von den zeitlichen Kapazitäten der anderen Menschen ab. Optimal ist es nicht.

Manche würden sagen: *»Ich mache Sport, wenn mein Kind schläft oder anderweitig beschäftigt ist.«* Meiner Meinung nach, ist diese Methode auch nicht ganz optimal, da man damit jederzeit rechnen muss, unterbrochen zu werden. Außerdem sind die freien Zeitabschnitte in der Regel sehr kurz und nicht planbar. Kurze Übungen können dennoch gut in die freien Minuten des Alltags integriert werden.

Die beste Methode ist jedoch das Training mit dem Kind. Mit dem Kinderwagen joggen, Fangenspielen, tanzen, Fahrrad fahren – es gibt viele Möglichkeiten, um gemeinsam aktiv zu sein. Auch viele Übungen für Arme, Bauch, Beine, Po und Rücken sind mit dem Kind machbar.

12. Sport als Stresskiller

Übung 1

Stell Dich gerade hin und mache »unvollständige« Kniebeugen. Das heißt, dass Du nicht ganz nach unten gehst, sondern leicht nach oben und unten schwingst. Dein Kind hältst Du dabei in Deinen Armen. Diese einfache Übung liefert erstaunliche Ergebnisse – fast alle Muskelgruppen der Beine, des Gesäßes und des Rückens arbeiten mit. Das Baby sorgt zudem für ein Zusatzgewicht und verstärkt den Trainingseffekt.

Beginne langsam, zunächst mit fünf Wiederholungen, dann mit sieben, zehn, zwanzig. Es ist wichtig, dass Du keine ruckartigen Bewegungen machst, um den empfindlichen Rücken des Babys nicht zu verletzen.

Übung 2

Leg Dich auf den Rücken. In der Zeit liegt bzw. sitzt Dein Kind neben Deinen Füßen. Nun hebe Deinen Körper so weit wie möglich an. Jedes Mal, wenn Du Dich Deinem Kind näherst, sagst Du »kuck-kuck«. Dabei kannst Du Dein Gesicht auch mit den Handflächen verdecken. So ist Dein Kind aktiv am Spiel beteiligt und Du machst eine hervorragende Übung für Deine Bauchmuskulatur. Mein Sohn liebte das Spiel. Er lachte und strampelte fröhlich mit seinen Beinchen um sich.

12. Sport als Stresskiller

Übung 3

Nicht weniger Spaß macht auch diese Übung: Du liegst auf dem Rücken, die Knie sind gebeugt, das Baby sitzt auf Deinem Bauch. Nun machst Du eine Art Brücke, indem Du Dein Becken hebst und wieder ablegst. Halte dabei die Händchen Deines Kindes, das mit viel Vergnügen auf und ab schwingt.

12. Sport als Stresskiller

Übung 4

Leg Dich auf den Rücken und hebe Deine Beine. Deine Knie sind dabei gebeugt und das Kind liegt auf den Schienbeinen. Nun ziehe die Beine in Richtung des Gesichts und versuche mit den Knien Deine Stirn zu berühren. Gar nicht so einfach. Es passiert oft, dass Du die Stirn des Kindes berührst – ein Sturm der Freude entsteht.

Übung 5

Das Fahrradfahren macht Spaß. Und nicht nur auf der Straße, sondern auch im heimischen Wohnzimmer. Leg Dich auf den Rücken und trete mit den Füßen zuerst vorwärts und dann rückwärts. Der Kreis sollte dabei so groß wie möglich sein. In dieser Zeit kann Dein Kind in der Nähe liegen und Deine Beine beobachten. Selbstverständlich kannst Du es, wenn es für Dich nicht zu schwer ist, auch auf Deinen Bauch legen. Größere Kinder können auch gern beim Fahrradfahren mitmachen.

12. Sport als Stresskiller

Großartig, nicht wahr? Sowohl Du als auch Dein Baby haben dank des gemeinsamen Trainings viele positive Emotionen gewonnen. Und ich verrate Dir ein kleines Geheimnis: Du kannst Dir noch weitere Übungen einfallen lassen. Ein Kind ist nicht nur eine zusätzliche Belastung für Mama, sondern auch eine Quelle der Inspiration. Füge den Übungen Spielelemente hinzu und passe diese Deinem Wohlbefinden und dem Grad der körperlichen Entwicklung des Kindes an. Achte immer auf die Sicherheit. Dein mütterlicher Instinkt wird Dir helfen. Höre deshalb auf Dich selbst, vertraue Dir. Du machst alles richtig.

13. Yoga – die unsichtbare Kraft des Körpers

13. Yoga - die unsichtbare Kraft des Körpers

Yoga wird immer beliebter. Yoga (übersetzt aus dem Sanskrit als »Vereinigung, Harmonie«) ist eine indische Lehre von gesundheitsfördernden Praktiken und beinhaltet viele ruhende Körperstellungen, die als Asanas bezeichnet werden. Sie besteht aus einer Reihe von Übungen, die darauf abzielen, den physischen und spirituellen Teil unseres Körpers zu entwickeln. Das Hauptziel von Yoga ist die Harmonie von Körper und Seele.

Als ich anfing selbst Yoga zu machen und es mir zur Gewohnheit machte, bemerkte ich sehr schnell sowohl körperliche als auch seelische Veränderungen. Ich fühlte mich fitter und gelassener. Dank unterschiedlicher Übungen richtete sich meine Haltung auf, die Gelenke hörten auf zu knacken, ich wurde schlanker und fühlte mich so, als ob ich in einem Jungbrunnen gebadet habe. Vor allem aber wurde ich ruhiger, freudiger und nahm die schönen Momente des Lebens bewusster wahr. Was ist das Geheimnis von Yoga?

Diese seit Jahrhunderten wirksame und bewährte Praxis wirkt sich unmittelbar auf den körperlichen und seelischen Zustand aus. Diejenigen, die Yoga praktizieren, werden gesünder und belastbarer, spüren nach dem Training einen Energieschub und fühlen sich motivierter.

Yoga hat viele Vorteile:

- Yoga hält Deine Gelenke gesund und macht sie beweglich. Während der Yoga-Übungen werden die Bereiche des Gelenkknorpels beansprucht, die in den alltäglichen Bewegungen kaum genutzt werden. Auf diese Weise kann Yoga Arthritis vorbeugen. Außerdem stärkt Yoga

13. Yoga – die unsichtbare Kraft des Körpers

die Knochen, besonders in den Posen, die das Halten des eigenen Körpers erfordern.
- Wenn Du regelmäßig Yoga machst, wirst Du schnell merken, dass Deine Konzentration und Dein Gedächtnis sich verbessern. Du wirst gelassener, stressresistenter und kannst mit Herausforderungen besser umgehen.
- Yoga verlangsamt den Alterungsprozess und hat einen positiven Effekt auf die Funktionen des Immunsystems.
- Die Übungen unterstützen das Abnehmen, lindern Rückenschmerzen und stärken die Wirbelsäule.
- Durch intensives Atmen während des Trainings gelangt eine große Menge Sauerstoff in den Körper. Das Herz und die Lungen werden trainiert.
- Yoga hilft bei Kopfschmerzen, Schlaflosigkeit und postpartaler Depression – auch bekannt als Babyblues oder Heultage. Es gibt dem ganzen Körper eine tiefe Entspannung und nachhaltige Ruhe.
- Yoga wirkt wie eine natürliche Massage der inneren Organe, da während des Trainings die Bauchmuskeln aktiv arbeiten, wird der Darm perfekt gereinigt. Yoga ist hervorragend zur Linderung von Verstopfung, die oft bei hormonellen Veränderungen auftreten, geeignet.

Ich finde, dass Yoga in einem Menschen neue Talente zum Vorschein bringt. Viele meiner Freundinnen haben plötzlich angefangen zu singen, zu zeichnen oder Gedichte zu schreiben. Yoga hat eine wunderbare inspirierende Wirkung auf das gesamte Naturell eines Menschen und hilft die eigene Persönlichkeit zu entwickeln.

Yoga mit dem Kind

Yoga ist bei Menschen jeden Alters sehr beliebt. Bereits Kinder ab einem Jahr können bei Yoga mitmachen und von den Vorteilen profitieren. Außerdem macht Yoga, richtig angewandt, viel Spaß und ist gesund, denn:

- Der Körper der Babys ist von Geburt an sehr flexibel, sodass Kinder viele Yoga-Posen schneller lernen können als Erwachsene.
- Yoga-Übungen stärken die Wirbelsäule und die Muskeln des Kindes. Yoga ist sehr nützlich, um eine korrekte Körperhaltung aufzubauen und die körperliche Fitness aufrechtzuerhalten.
- Yoga ist nicht nur gut für den Körper. Es trägt zur Entspannung bei und fördert den Stressabbau. Beides ist für Kinder mindestens genauso wichtig wie für Erwachsene.
- Die Kinder werden aufmerksamer und achtsamer gegenüber eigenen Empfindungen und entwickeln ein positives Selbstwertgefühl.

Yoga-Übungen werden in einem angenehmen Tempo mit entspannender Musik durchgeführt, was besonders gut für Kinder geeignet ist, die keine aktiven körperlichen Übungen mögen. Aber auch den übermäßig aktiven Kindern hilft Yoga den Stress zu reduzieren, sich zu konzentrieren und zu entspannen.

Damit das Kind gut bei Yoga mitmacht, solltest Du die Übungen entsprechend dem Alter und der körperlichen Entwicklung auswählen. Es ist hilfreich, wenn die Übungen in Form eines Spiels durchgeführt werden. Du kannst die Posen mit den Namen der Tiere benennen. So kann Dein Kind beispielsweise einen Schmetterling und Hund nachahmen.

Ich habe für Dich und Dein Kind die besten Yoga-Übungen ausgesucht. Folgende Übungen sind geeignet für Kinder ab einem Jahr:

Herabschauender Hund

Zu den bekanntesten Übungen in Yoga zählt der herabschauende Hund. Diese Pose erfordert Kraft des gesamten Körpers und streckt die gesamte Muskulatur. Da bei der Übung das Becken höher als der Kopf steht, bekommt der Kopf einen Zufluss von frischem Blut. Dadurch werden die Gehirnzellen erneuert und der Hautton verbessert sich. Zudem wird die Wirbelsäule verlängert. Du kennst sicherlich die Tatsache, dass der Mensch mit dem Alter kleiner wird? Das liegt daran, dass im Laufe der Jahre sich die menschliche Wirbelsäule absetzt. Sie wird weniger flexibel und es treten die sogenannten Klammern auf, die den Fluss der Lebensenergie entlang der Wirbelsäule verhindern. Die nach unten gerichtete Hundeposition streckt die Wirbelsäule sehr gut und gibt Deinem Körper einen Energieschub.

So geht es: Stell Dir ein umgedrehtes V vor – genauso sieht diese Yoga-Pose aus. Nimm den Vierfüßlerstand ein. Strecke nun Deine Arme und Beine, um in die V-Position zu kommen. Achte darauf, dass Dein Rücken gerade ist. Deine Fersen bleiben auf dem Boden. Wenn es Dir schwerfällt, Deine Beine gerade zu halten, kannst Du die Knie leicht beugen. Atme bewusst ein und aus. Achte dabei auf eine tiefe Atmung.

Heraufschauender Hund

Bei dieser Übung werden vor allem die Bauch- und Beinmuskeln gestärkt, Brustmuskulatur gedehnt und die Brustwirbelsäule gewinnt an Flexibilität. Diese Pose hilft hervorragend bei einem verspannten Rücken – die perfekte Übung für stillende Mamas.

So geht es: Leg Dich mit dem Gesicht nach unten auf den Boden und strecke die Beine. Beuge die Arme und leg die Handflächen unter die Schultern. Nun lehne Dich beim Einatmen an Deine Hände, hebe den Kopf und Körper an, beuge Dich nach hinten und nehme Deine Schultern zurück. Hebe beim

13. Yoga – die unsichtbare Kraft des Körpers

Ausatmen das Gesäß an und stütze Dich auf die gerade liegenden Beine. Halte diese Position 30-60 Sekunden. Atme gleichmäßig. Kehre langsam in die Ausgangsposition zurück.

Baum

Von einem Baum kann man viel lernen: Seine Stärke, Ausdauer, Ruhe – es ist faszinierend. Wenn ich einen Baum anschaue, habe ich das Gefühl, dass er genau den richtigen Energieaustausch zwischen Himmel und Erde verkörpert. In vielen Religionen und Regionen der Welt werden Bäume sehr verehrt! Und je stärker und höher der Baum ist, desto schöner ist sein Geist, der in der Baumkrone wohnt. In Yoga hat die Baum-Pose eine magische

Wirkung für das Gleichgewicht. Sie entwickelt perfekt unsere Koordination und lehrt uns die Konzentration und Aufmerksamkeit auf jeden Muskel unseres Körpers zu lenken.

So geht es: Stell Dich gerade hin und verteile Dein Körpergewicht auf die gesamte Oberfläche der Füße. Verlagere nun langsam das Gewicht auf einen Fuß, indem Du den anderen Fuß vom Boden löst und an der Innenseite vom Standfuß nach oben bewegst. Sobald Du das Gefühl hast gut zu stehen, streckst Du Deine Arme über dem Kopf aus. Versuche dabei den kompletten Körper nach oben zu ziehen, während der Fuß weiterhin im Boden »verwurzelt« ist. Atme gleichmäßig und halte die Pose so lange wie möglich.

Schmetterling

Die Schmetterlings-Pose dehnt und entspannt die Hüften und hilft dabei, die Wirbelsäule aufzurichten. Außerdem fördert sie zwei wesentliche Gefühle: Leichtigkeit und Zufriedenheit.

Während Du diese Pose ausübst, schlägst Du mit den »Flügeln« (Deinen Beinen), dabei entspannen sich Deine Hüftgelenke immer mehr. Diese Übung ist besonders für diejenigen geeignet, die viel sitzen und sich aufgrund des Zeitmangels wenig bewegen.

Trotz seiner offensichtlichen Einfachheit sind die gesundheitlichen Vorteile der Schmetterlingshaltung enorm:

Sie verbessert die Durchblutung der Beckenorgane, des unteren Rückens und des Bauches, öffnet und stärkt die Hüftgelenke und verbessert den Zustand der Nieren.

13. Yoga – die unsichtbare Kraft des Körpers

So geht es: Setz Dich auf eine Decke oder Trainingsmatte. Lege die Füße zusammen und ziehe sie zu Deiner Leiste. Nun greife mit den Handflächen nach den Füßen und bringe die Fersen so nah wie möglich an den Damm. Wenn möglich, senke Deine Hüfte auf den Boden und berühre den Boden mit den Knien. Wenn es nicht gleich klappt – kein Problem. Übung macht den Meister. Halte diese Position und achte auf eine langsame und tiefe Atmung. Beginne mit 30 Sekunden oder einer Minute und steigere Schritt für Schritt die Dauer der Übung auf 3-5 Minuten.

Schulterstand

Salamba Sarvangasana, auch der Schulterstand oder die Kerze genannt, ist eine der beliebtesten Yoga-Übungen, die die Gesundheit stärkt und dem Körper viel Energie gibt. Übersetzt aus dem Sanskrit bedeutet »Salamba« – Unterstützung und »Sarvangasana« – ganzer Körper, also Unterstützung für den ganzen Körper. Diese Übung hilft die Müdigkeit zu lindern, die Stimmung zu heben und fördert die Regeneration.

So geht es: Leg Dich in die Rückenlage und ziehe die Beine zur Brust an. Deine Hände stützen dabei den unteren Rücken, das Gewicht verlagert sich auf die Schultern. Nun strecke Deine Beine in Richtung Himmel und spanne Deinen Körper an. Halte diese Position 20-30 Sekunden und achte bewusst auf die Atmung.

Kobra

Die Kobra in Yoga ist eine ausgezeichnete Übung zur Förderung der Flexibilität und Gesundheit Deiner Wirbelsäule. Außerdem stärkt sie die tiefen Muskeln des Rückens sowie die Muskeln des Gesäßes und der Arme, die Körperhaltung wird verbessert. Die Kobra-Übung hilft gut bei Müdigkeit und reduziert das Stressempfinden.

So geht es: Leg Dich mit dem Gesicht nach unten auf den Boden, strecke Deine Beine. Die Hände sollten mit den Fingern nach vorne auf beide Seiten der Brust gelegt werden. Richte nun langsam Deinen Körper auf. Es ist wichtig, dass Du Dein Körpergewicht gleichmäßig verteilst, sowohl auf die Beine als auch auf die Handflächen. Bleibe 20-30 Sekunden in dieser Position und kehre dann sanft in die Ausgangsposition zurück.

14. Progressive Muskelentspannung

14. Progressive Muskelentspannung

Verspannungen im Körper sind eine unvermeidliche Nebenwirkung von Stress, körperlichen Belastungen und Angstzuständen. All diese Zustände senden Botschaften an den Körper, die eine ständige Bereitschaft erfordern, auf Gefahren zu reagieren. Die Folgen sind: Muskelverspannungen, Herzklopfen, Bluthochdruck, Schwitzen, Schmerzen, Zittern, flaches Atmen – bis hin zu Müdigkeit. Diese Reaktionen sind nicht nur unangenehm, sie erhöhen zusätzlich den Stresslevel und schließen somit den Teufelskreis. Die progressive Muskelentspannungstechnik zielt darauf ab, körperlichen Stress abzubauen und sich zu entspannen.

Spannung vs. Entspannung

Progressive Muskelentspannung ist eine Abfolge von Entspannungsübungen, die auf verschiedene Muskelgruppen angewendet werden. Der Kerngedanke ist dabei, dass der Körper den Unterschied zwischen Spannung und Entspannung kennenlernt und auch achtsam wahrnimmt. Die Übungen können entweder auf einem bequemen Stuhl oder auf einem Sofa oder Bett durchgeführt werden. Atme ein paar Minuten tief durch. Spanne dann jede Muskelgruppe in der unten beschriebenen Reihenfolge an. Halte die Spannung fünf bis zehn Sekunden lang aufrecht und entspanne dann die Muskeln.

Versuche jede Spannung und Anspannung bewusst wahrzunehmen. Es hilft Dir den körperlichen und den seelischen Stress zu reduzieren und ein gutes Körperbewusstsein zu entwickeln. Und los gehts:

14. Progressive Muskelentspannung

Zehen: Drücke Deine Zehen zusammen, stell Dir vor Du würdest so einen Kugelschreiber halten – entspanne Deine Zehen.

Schienbein: Strecke Deine Beine durch und ziehe die Füße in Richtung Deines Gesichts – entspanne Deine Beine.

Waden: Strecke Deine Beine durch und stelle Dich auf Deine Zehenspitzen – entspanne Deine Beine.

Hüfte: Drücke Deine Beine fest zusammen – entspanne sie.

Bauch: Spanne die Bauchmuskeln an und ziehen den Bauch ein – entspanne Deine Muskulatur.

Hände: Lege Deine Arme auf Deinem Schoss ab, balle Deine Hände zu Fäusten - entspanne Deine Hände.

Unterarme: Faust machen und Handgelenk beugen – entspanne Deine Hand.

Oberarme: Beuge Deinen Unterarm Richtung Schulter und spanne Deine Oberarmmuskeln an – entspanne Deine Arme.

Brust: Atme tief ein und halte den Atem 10 Sekunden lang an – atme aus und entspanne.

Torso: Lass Deine Arme am Körper herunterhängen und drücke die Ellbogen seitlich an – entspanne Deine Arme.

Schulter: Hebe Deine Schultern in Richtung Deiner Ohren – entspanne.

Lippen: Mache einen Kussmund – entspanne Deine Lippen.

Augen: Kneife Deine Augen so fest es geht zusammen – entspanne Deine Gesichtsmuskeln.

Stirn: Hebe die Augenbrauen an – entspanne Dein Gesicht.

Gesicht: Ziehe Deine Augenbrauen zusammen, schließe Deine Augen und presse Deine Lippen zusammen, als hättest Du in eine saure Zitrone gebissen – entspanne Deine Gesichtsmuskeln. Nimm bewusst wahr, wie die Entspannung sich langsam über Dein ganzes Gesicht verteilt.

Atme nun ein paar Minuten tief durch und wiederhole dann die Übungen in der gleichen Reihenfolge. Halte jede Muskelgruppe mindestens fünf Sekunden lang angespannt und entspanne dann. Warte 30 Sekunden bevor Du zu der nächsten Muskelgruppe wechselst.

Während der Übung:

- Achte auf den Unterschied zwischen dem angespannten und entspannten Gefühl im Körper.
- Fühle wie jede Muskelgruppe entspannter und weicher wird.
- Versuche leicht zu atmen.

Die nächste Übung zielt darauf ab, die Verbindung zwischen Atmung und Entspannung wiederherzustellen. Schließe Deine Augen und zähle in einer bequemen Position langsam von fünf bis eins. Stelle nach Möglichkeit sicher, dass jede Zählung mit dem Ausatmen übereinstimmt. Achte auf Deinen Körper und begleite die Entspannung auf dem Weg durch den ganzen Körper. Die Entspannung breitet sich von der Stirn auf Dein Gesicht und Hals aus. Sie geht über die Schultern zu Armen und Oberkörper hinunter. Nun werden Deine Beine ganz entspannt. Fühle wie die Entspannung sich im ganzen Körper ausbreitet und tiefer wird.

Wiederhole diese Übung so oft wie Du möchtest. Du kannst sie wunderbar in die kleinen Pausen im Alltag einbauen, denn sie dauert nur wenige Minuten. Konzentriere Dich beim Einatmen auf ein bestimmtes Körperteil und flüstere bei jedem Ausatmen ganz leise »*Entspann Dich*«. Zähle nun von eins bis fünf. Kehre mit jeder Zahl mehr und mehr zu Deinem normalen Zustand zurück und bleibe entspannt.

Ja, es ist wirklich möglich, trotz einer tiefen Entspannung einsatzbereit zu sein. Wenn Du die progressive Muskelentspannung regelmäßig trainierst, wirst Du mit diesem Zustand vertraut sein und entspannter mit den Herausforderungen des Alltags umgehen.

Variation: Nur Entspannung

Sobald Du die vorher beschriebene Technik beherrschst, kannst Du versuchen, die gleichen Ergebnisse zu erzielen, indem Du die Anspannungsphase weglässt. Konzentriere Dich auf jede Muskelgruppe in der oben beschriebenen Reihenfolge und entspanne sie für 30-45 Sekunden. Denke dabei an etwas Angenehmes. Sobald sich eine Muskelgruppe vollständig entspannt hat, fahre mit der nächsten fort. Beginne am Ende der Entspannungsübung mit dem achtsamen Atmen, zähle von fünf bis eins und wiederhole »*Entspann Dich*« beim Ausatmen. Beende die Übung dann, indem Du in umgekehrter Reihenfolge zählst.

Muskelentspannung auf Knopfdruck

Ist Dir der Pawlowsche Hund ein Begriff? Keine Sorge, unser Ziel wird es nicht sein, Dich nun abzurichten, aber dieses Prinzip lässt sich tatsächlich, etwas abgewandelt, auch wunderbar auf den Menschen übertragen.
Pawlow hatte herausgefunden, dass alleine seine Schritte beim Vierbeiner einen starken Speichelfluss auslösten, obwohl der Hund noch kein Futter gesehen hat. Seine Vermutung war, dass der Hund alleine das Geräusch der Schritte, mit der regelmäßigen Fütterung in Verbindung brachte. Um diese Hypothese zu untermauern, erstellte er ein Experiment, welches die Darbietung von Futter mit einem Glöckchen in Verbindung brachte. Dieser Glockenton wurde zeitlich so eng an die anschließende Fütterung gelegt, dass schließlich alleine der Ton der Glocke zum Speichelfluss beim Hund führte ohne, dass auch nur Futter in die Nähe des Vierbeiners gebracht wurde. Dies bezeichnete Pawlow dann als Konditionierung.
Der Mensch ist ein Gewohnheitstier, so sagt man zumindest im Volksmund und so lassen wir uns ebenfalls konditionieren – oder um es freundlicher auszudrücken, wir nehmen neue Gewohnheiten an und verinnerlichen sie. Diese Tatsache nutzen wir nun wunderbar aus, um von progressiver Muskelentspannung im Alltag begleitet zu sein.

14. Progressive Muskelentspannung

Versuche die Entspannungsübungen mehrmals täglich zu machen. Wichtig ist, dass Du bei vollkommener Entspannung immer »*Entspann Dich*« wiederholst. So konditioniertest Du Dich selbst. Jedes Mal, wenn Du Anspannung verspürst z. B. aufgrund einer stressigen Situation im Alltag, kannst Du leise zu Dir selbst »*Entspann Dich*« sagen. Dein Körper nimmt dieses Signal wahr und beginnt, sich zu entspannen.

Du kannst unterschiedliche Gegenstände zum Konditionieren nutzen. Entspanne Dich, indem Du beispielsweise auf Deine Uhr schaust oder auf ein an der Wand hängendes Bild. Es kann auch hilfreich sein, kleine farbige Punkte an mehreren Stellen in der Wohnung zu kleben. Immer wenn Du diese siehst, versuche zu entspannen. Trainiere Deinen Körper auf ein konditioniertes Signal, indem Du möglichst 10-15-mal am Tag unter verschiedenen Bedingungen und in unterschiedlichen Situationen den Gegenstand anschaust, Dich dabei entspannst und »*Entspanne Dich*« sagst.

Es ist wirklich faszinierend, aber diese Konditionierung funktioniert tatsächlich wunderbar und hilft, Dich schneller zu beruhigen und zu entspannen. Auch im Berufsalltag kann dies trainiert und angewandt werden.

15. Tipps für die Erholung nach der Geburt und in der Elternzeit

15. Tipps für die Erholung nach der Geburt und in der Elternzeit

Während der Schwangerschaft und Geburt hat sich Dein Körper stark verändert und benötigt nun Zeit, um sich wieder zu regenerieren.

Viele Frauen stehen nach der Geburt vor dem Spiegel und können nicht glauben, dass es überhaupt möglich ist, zu ihrer vorherigen Körperform zurückzukommen. Und wie bei vielen anderen Dingen im Leben spielt auch hier die Genetik eine große Rolle. Natürlich gibt es auch die Glücklichen, deren Bauchmuskeln und Haut sich sehr schnell nach der Geburt erholen und regenerieren. Aber ein Großteil der frischgebackenen Mütter muss dafür ziemlich viel tun und setzt sich deshalb enorm unter Druck. Also, einmal tief Luft holen und durchatmen. *»Nichts überstürzen«* – so lautet die Devise. Wenn Du achtsam Deinen Alltag gestaltest und die Empfindungen und Bedürfnisse Deines Körpers bewusst wahrnimmst, wird sich bereits viel von alleine tun.

Bindegewebe stärken

Das Bindegewebe kennst Du vermutlich im Zusammenhang mit Cellulite. Fast alle Frauen leiden darunter. Aber besonders während und nach der Schwangerschaft leidet aufgrund der Hormonumstellung unser Bindegewebe besonders stark und begünstigt das Auftreten der Orangenhaut. Folgende Tipps helfen Dir Dein Bindegewebe zu straffen:

- Regelmäßige Bewegung und Wechselduschen verbessern die Durchblutung und straffen das Bindegewebe.
- Vitamin C, das reichlich in Zitrusfrüchten und in Kiwis, Erdbeeren und Paprika vorhanden ist, kurbelt die Bildung

von Kollagen an. Kollagen ist ein Protein, das die Elastizität des Körpergewebes verbessert.
- Basische Lebensmittel sorgen dafür, dass sich nicht so viele Schlacken ablagern. Dazu gehören praktisch alle Gemüse- und Obstsorten, Zitrusfrüchte, Buchweizen, Kartoffeln und stilles Wasser.

Bauch nach der Geburt: Und jetzt?

In erster Linie solltest Du Dich nicht auf die Form Deines Bauches fokussieren, sondern auf die Leistung, die er erbracht hat. Schenke Deinem Körper Dankbarkeit. Dankbarkeit dafür, dass er Dir das Glück der Mutterschaft geschenkt hat, dass er in der Lage war, einem neuen Menschen Leben zu geben. Dein Bauch hat es absolut verdient, geliebt zu werden und zwar so wie er ist.

Nachdem Du die Unvollkommenheit akzeptierst und Dich trotz des hängenden Bauches liebst, können wir zuversichtlich über die Entstehung von Motivation sprechen, sich selbst zu verändern und Deinen Körper in eine für Dich gute Form zu bringen. Schließlich geht es nicht nur um das Spiegelbild, sondern auch um Deine Gesundheit und Deinen psychischen Komfort.

Bevor Du überhaupt etwas unternimmst, solltest Du den Frauenarzt konsultieren. In der Regel braucht die Gebärmutter etwa sechs Wochen, um sich nach der Geburt zurückzubilden und auf ihre ursprüngliche Größe zu kommen. Wenn Du vom Arzt grünes Licht hast, kannst Du langsam mit Sport

15. Tipps für die Erholung nach der Geburt und in der Elternzeit

anfangen. Viele Übungen und Empfehlungen dazu findest Du im Kapitel über Sport (siehe Seite 118).

Nach der Geburt ist die Haut am Bauch schlapp und hängt unförmig. Dies liegt daran, dass der Bauch während der Schwangerschaft stark in seiner Größe zunahm und dann drastisch »entleert« wurde. Die Haut hatte keine Zeit, um sich zurückzubilden. Um die Haut in dem Rückbildungsprozess zu unterstützen, kannst Du eine feuchtigkeitsspendende Creme oder ein reichhaltiges Öl verwenden. So werden die Elastizität und Festigkeit der Haut verbessert. Wenn Du Deinen Bauch eincremst, achte bewusst auf die Bewegung Deiner Hände. Schau zu, wie die Finger über die Haut gleiten. Genieße die sanfte Berührung.

Vor einiger Zeit wurde das Tragen eines postpartalen Bauchgurtes, bereits wenige Tage nach der natürlichen Geburt, empfohlen. Er hält den Bauch und die überschüssige Haut zusammen und fördert die Hautstraffung. Nach aktuellem Stand wird von dieser Praktik jedoch wieder Abstand genommen, da sich der Druck negativ auf den Beckenboden auswirken kann.

Wann der Bauch nach der Geburt verschwindet, hängt von vielen Faktoren ab: Vererbung, Körperbau der Frau und Gewichtszunahme während der Schwangerschaft. Selbstverständlich spielen Sport und Ernährung eine große Rolle. Eine gute Balance aus Pflege, gesunder Ernährung und Bewegung sind hierbei unabdingbar.

Achtsame Momente – Haut- und Haarpflege nach der Schwangerschaft

Wenn die Hormone verrücktspielen, der Stress den höchsten Level erreicht und das Kind kaum Zeit für eigene Bedürfnisse lässt, braucht Deine Haut besondere Aufmerksamkeit. Ich möchte Dir einige Tipps geben, wie Du nach der Schwangerschaft und Geburt Deiner Haut ein gutes und gesundes Gefühl gibst.

Die Farbe und der Zustand der Haut sagen mehr als tausend Worte. Wenn wir gestresst und müde sind, reagiert unsere Haut extrem darauf. Trockene Stellen, Pickelchen, Irritationen und Entzündungen sind die Folge. In solchen Phasen des Lebens braucht unsere Haut ein besonderes Verwöhn-Programm. Und was verwöhnt unsere Haut am besten? Nein, nicht irgendwelche Döschen und Tuben aus dem Supermarkt. Ich meine, die bewährten Naturprodukte, die zu 100 % aus natürlichen Zutaten bestehen, zudem günstig sind und im besten Fall – Allergien natürlich ausgeschlossen – keinerlei Nebenwirkungen auf uns haben. Also eine Pflege mit der Kraft der Natur. Ich möchte Dir nun die sieben besten Naturprodukte für die Hautpflege vorstellen.

Achtung: Vor Gebrauch einer der folgenden Naturprodukte, stelle unbedingt sicher, dass Du nicht allergisch darauf reagierst.

Avocado
Avocados schmecken nicht nur hervorragend, sie sind richtige Pflegeprofis für unsere Haut. Avocados sind als die fettes-

ten pflanzlichen Lebensmittel bekannt. Das Fett in Avocados kann die Haut mit Nährstoffen versorgen und ihr die nötige Feuchtigkeit spenden – Avocados gelten als ausgezeichnete »Feuchtigkeitscreme«. Sie enthalten zudem viel Vitamin A, was essenziell für den Prozess der Zellbildung und der Hauterneuerung ist. Und das Gute: Vitamin A braucht Fett, um »zu wirken« und gerade davon gibt es genug in der Avocado. Perfekt durchdacht, liebe Natur!

So geht es: Das Fruchtfleisch einer Avocado mit einer Gabel zu Brei zerdrücken. Einen Esslöffel Sahne und ein Eigelb hinzufügen und alles gut miteinander vermischen. Eine perfekte Gesichtsmaske ist in Minutenschnelle fertig. Jetzt kannst Du sie auf Dein Gesicht auftragen. Leg Dich entspannt hin und genieße die 15 Minuten auf dem Sofa, während die wertvollen Inhaltsstoffe in Deine Haut einziehen. Die Maske befeuchtet und verjüngt Deine Haut, lindert Entzündungen und Rötungen.

Olivenöl
Das Olivenöl ist nicht nur ein gesundes Lebensmittel, es wird immer mehr auch in der Körperpflege verwendet – in beiden Fällen dient das Öl als reichhaltige Vitaminquelle. Das Duett von Vitamin A und E ist besonders nützlich für die Haarpflege ohne Chemie. Das Öl befeuchtet sie, verleiht ihnen Kraft, Glanz sowie ein schönes und gesundes Aussehen. Aber auch für die Haut ist das Olivenöl ein wunderbarer Feuchtigkeitsspender. Es macht sie weich und wirkt alterungshemmend.

So geht es: Das Olivenöl als Haarmaske ist ein beliebtes SOS-Mittel bei trockenem sowie sprödem Haar und kann sowohl auf die Haarwurzel als auch auf trockene Haarspitzen aufgetragen werden. Bei trockner Gesichtshaut kannst Du einige Öltropfen auf Deine Fingerkuppen auftragen und Dein Gesicht leicht massieren. Selbstverständlich profitiert die Haut auch an anderen Körperstellen (Bauch, Beine) von den Inhaltsstoffen des Olivenöls. Wenn Dir der Geruch so gar nicht zusagt, kannst du aber auch auf andere Öle aus deinem Küchenschrank ausweichen. Wie wäre es mit Mandel- oder Kokosöl?

Honig
Der Honig ist ein wahrer Superheld der Inhaltsstoffe, darunter B-Vitamine, Eisen, Kalium, Magnesium, Jod und Zink. Wertvolle Schätze, die unsere Haut zweifellos braucht. Aber Honig sättigt die Haut nicht nur mit nützlichen Substanzen, sondern befeuchtet sie auch nachhaltig, reinigt und schützt sie dank der Antioxidantien vor UV-Strahlen. Wusstest Du das medizinischer Honig gerne zur Versorgung von Wunden verwendet wird?

So geht es: Du kannst den Honig ganz einfach mit leichten tupfenden Bewegungen auf Dein Gesicht auftragen. Wenn Du Honig mit Eigelb vermischst, erhältst Du eine natürliche Haarpflegemaske, die Dich mit ihren regenerierenden Eigenschaften begeistern wird. Du kannst die Haarmaske beim Duschen auftragen und sie, während Du Deinen Körper wäschst, einwirken lassen. Beim Auswaschen der Maske lausche dem Fluss des Wassers. Kannst Du Dich noch erinnern? Auf Menschen hat das Wasser eine beruhigende und entspannende Wirkung. Genieße dabei den Duft des Honigs. So wird die alltägliche Dusche zu einem unvergesslichen Erlebnis für alle Sinne.

Achtung: Hier noch mal der Hinweis, vor der Anwendung unbedingt sicherstellen, dass Du nicht allergisch auf Honig reagierst. Für Kinder unter 2 Jahren ist Honig in jeglicher Form absolut tabu und kann sogar giftig sein.

Gurke
Die Gurke besteht überwiegend aus Wasser, in dem alle nützlichen Inhaltsstoffe gespeichert sind, unter anderem Vitamine B1, B2, C, E, Mineralien und Spurenelemente. Die Haut kann diesen gesunden Vitamincocktail leicht aufnehmen. Die B-Vitamine können Entzündungen beseitigen und die Kollagenproduktion unterstützen, ganz zu schweigen von der Masse der Eigenschaften, die jedes einzelne Spurenelement hat.

So geht es: Gurkensaft – als Lotion erfrischt die Haut, stellt ihren gesunden Teint wieder her, beseitigt Altersflecken und Akne. Mit einer Gurkenscheibe kannst Du Dein Gesicht wie mit einem Wattepad abwaschen – die Haut wirkt sofort frischer. Eine Gurkenscheibe auf den Augen reduziert die Müdigkeit – Schwellungen und Augenringe verschwinden. Eine Gesichtsmaske aus geriebener Gurke und Eiweiß verleiht der Haut ein gesundes Aussehen.

Zucker
Obwohl der Zucker oft als »süßer Tod« bezeichnet wird, ist er für unsere Haut ein wahrer Regenerationsheld. Ein Zuckerpeeling entfernt abgestorbene Zellen, fördert die Zellerneuerung und macht die Haut weich und geschmeidig.

So geht es: Mische einige Esslöffel Zucker mit Oliven- oder Mandelöl. Nun kannst Du mit dem natürlichen Peeling die gewünschten Hautbereiche einreiben. Et voilà in Sekundenschnelle erhältst Du eine weiche Haut wie bei Deinem Kind. Übrigens eignet sich die Mischung aus ein paar Tropfen Öl und Zucker perfekt auch als Lippenpeeling.

Grüner Tee
Grüner Tee ist voller Antioxidantien: Die Vitamine A, B und C schützen die Haut vor freien Radikalen, also vor vorzeitiger Hautalterung. Darüber hinaus kann grüner Tee die Hauterneuerungsprozesse verbessern, Entzündungen vorbeugen und Reizungen reduzieren.

So geht es: Du kannst Dein Gesicht mit einem Wattepad abwischen, das mit grünem Tee getränkt wurde. Diese »Lotion« hilft, die Haut zu reinigen und die Rötungen zu reduzieren. Eine gute Möglichkeit ist es, den Tee einzufrieren und dann mit den Tee-Eiswürfeln über Dein Gesicht zu streicheln. Fühle bewusst die Kälte, die die Eiswürfel abgeben – ein perfekter Erfrischungskick nach einer schlaflosen Nacht.

Eiweiß
Das Eiweiß enthält sehr viel Wasser und hat daher eine feuchtigkeitsspendende Wirkung. Gleichzeitig sind seine straffenden Eigenschaften in der Hautpflege sehr nützlich. Auch für das Haar hat das Protein eine nährende und stärkende Wirkung.

So geht es: Protein zeigt perfekt seine Talente in Gesichtsmasken. Im Zusammenspiel mit Zitrone und Honig hilft es besonders gut bei fettiger Haut, um den »öligen« Glanz und die vergrößerten Poren loszuwerden. Proteinmasken sind auch in der natürlichen Haarpflege nützlich – sie verleihen

15. Tipps für die Erholung nach der Geburt und in der Elternzeit

dem Haar Glanz, Elastizität, stimulieren das Wachstum und lindern Schuppen sowie Haarausfall.

Gesund und lecker

Auf Dauer bringen irgendwelche strengen Diäten nichts, außer einem Jo-Jo-Effekt. Darüber hinaus können die Menge und die Qualität des Essens die Muttermilch stark beeinträchtigen und der ständige Verzicht und das quälende Hungergefühl treibt uns noch tiefer in die Mental Load Falle.

Um nach der Geburt eine natürliche Bauchstraffung zu erzielen, kannst Du einige einfache Regeln befolgen, die keine Auswirkung auf das Stillen haben:

- Trinke mindestens 2 bis 3 Liter reines Wasser pro Tag. Dadurch werden Stoffwechselprozesse im Körper ausgelöst, die Haut wird elastischer und gesünder.
- Achte auf eine ausgewogene Ernährung: eine gute Mischung aus Fleisch, Fisch, Vollkornprodukten (langsame Kohlenhydrate), Milchprodukten sowie Gemüse und Obst bilden eine gute Basis für Deine Gesundheit. Während des Stillens ist jedoch Vorsicht geboten, bei dem Verzehr von Milchprodukten. Denn diese können oftmals Koliken oder allergische Reaktionen auslösen, obwohl das Kind den Milchzucker »nur« über die Muttermilch aufnimmt.
- Trinke mindestens 15 Minuten vor einer Mahlzeit ein Glas Wasser.
- Genieße Dein Essen bewusst. Durch achtsames Essen tritt das Sättigungsgefühl schneller ein. Es ist besser, alle

zwei Stunden ein wenig zu essen als zweimal am Tag, aber dafür zu viel.
- Reduziere Weißmehl-Produkte – Weißbrot, Gebäck, Kuchen und Torten sollten nicht täglich auf dem Tisch stehen. Vergiss aber nicht, Dich ab und zu mit einem Stückchen Kuchen zu belohnen. Das motiviert und sorgt für Glücksmomente.

Achte dabei auf den Verzehr von nicht fettem Fleisch (Pute, Hähnchen) und auf langsame Kohlenhydrate (Vollkornprodukte). Aufgrund des hohen Gehalts an Fruchtzucker solltest Du Obst vormittags essen. Reduziere die Zuckeraufnahme so weit wie möglich.

Die Einhaltung dieser einfachen Ernährungsregeln und eine aktive Lebensweise ermöglichen Dir schnell und ohne viel Stress in Form zu kommen.

Bauchmassage

Das Massieren des Bauches verbessert die Darmaktivität und hilft bei anhaltender Verstopfung, die häufig aufgrund der Hormonumstellung bei uns Mamas vorkommt. Außerdem verbessert die Bauchmassage die Durchblutung, wodurch die Haut gestrafft wird.

So geht es: Nimm ein gut duftendes Massage-Öl, damit erzielst Du gleichzeitig den Effekt der Aromatherapie. Nun beginne mit sanftem Streicheln, Kneifen, Reiben und Klopfen. Die Wirksamkeit der Massage liegt in ihrer Regelmäßigkeit. Ich empfehle Dir die Bauchmassage täglich bzw. jeden zweiten Tag 10-15 Minuten lang zu machen. Dein Partner kann Dir sicherlich auch die Arbeit abnehmen und mit seinen liebevollen Händen massieren. Ich kann Dir das Wochenbettbauchmassageöl nur wärmstens empfehlen. Oder aber das Fenchel-Kümmel-Öl. Dieses wohltuende Öl ist für Babys Bäuchlein gedacht, hilft aber auch der Mama.

Auch unter der Dusche kannst Du Deinen Bauch mit einer Massagebürste 5-10 Minuten lang in kreisenden Bewegungen massieren. Selbstverständlich kannst Du die Massage auch auf andere »weiblich Problemzonen« wie Oberschenkel und Po ausweiten. Gönn Dir diese Wellnessmomente in den eigenen vier Wänden und entspanne Dich dabei.

Schlaflosigkeit

Mental Load kann zu Schlaflosigkeit führen – das ist Fakt. Und nach der Schlaflosigkeit kommt die Tagesmüdigkeit – zwei Schwestern, die stets Hand in Hand gehen. Ständiger Schlafentzug verringert die Produktivität, erhöht das Risiko für Depressionen, Angststörungen und Herz-Kreislauf-Erkrankungen. Bei stillenden Müttern kann dies sogar zu Milchmangel führen. Deshalb:

- Mache täglich einen Spaziergang an der frischen Luft.
- Trinke keine koffeinhaltigen Getränke oder Alkohol.
- Achte auf leichte Mahlzeiten, esse spätestens zwei Stunden vor dem Schlafen.
- Entspanne Dich vor dem Schlafengehen: Nimm ein Bad, höre beruhigende Musik oder mache Atemübungen.

Digital Detox

Die Digitalisierung hat uns fest im Griff. Tausende Nachrichten, Eilmeldungen und die perfekte Social Media Welt mit viel Luxus und sorgenfreiem Leben verursachen einen zusätzlichen Stress, Druck und rauben uns wertvolle Zeit. Versuch deshalb einmal pro Woche einen Digital-Detox-Day zu machen. Verzichte ganz bewusst auf Dein Smartphone, Laptop und auf das Internet. Du wirst sehen, dass Dein Stresslevel an diesen Tagen deutlich niedriger ausfallen wird.

Weg mit Schuldzuweisungen

Wir sind alle nicht perfekt, wir machen alle Fehler, besonders Mütter und besonders beim ersten Kind. Schuldgefühle aus irgendeinem Grund sind eine häufige Emotion der Mütter im ersten Lebensjahr des Kindes. Die Arbeit einer Mutter ist eine der schwierigsten und unschätzbarsten Aufgaben. Verurteile Dich nicht selbst, wenn Du das Gefühl hast, nicht mit dem Stress umgehen zu können, hol Dir Hilfe. Es gibt kostenlose Support-Telefone für Frauen in schwierigen Lebenssituationen, bei denen Spezialisten zuhören und die notwendige psychologische oder rechtliche Unterstützung leisten. Diese Unterstützung ist völlig kostenlos und vertraulich.

Neutralität bewahren

Die Mehrfach-Mamas kennen allzu gut, wie viele Nerven es kosten kann, die Konflikte zwischen Geschwistern zu lösen.

15. Tipps für die Erholung nach der Geburt und in der Elternzeit

Deshalb mein Tipp: Greife weniger in die Kinderkonflikte ein. Die Situationen, in denen sich Geschwister streiten, wegen eines Spielzeugs sich buchstäblich gegenseitig die Köpfe einschlagen und miteinander kämpfen sind fast unvermeidlich. Ich verstehe, dass an dieser Stelle die Versuchung sehr groß ist, in den Streit einzugreifen und den Konflikt mit der elterlichen Macht niederzuschlagen. Versuche dem zu widerstehen. Denn das kostet nicht nur Deine Kraft, damit entziehst Du Deinen Kindern die Möglichkeit, die wichtigsten Fähigkeiten der Erwachsenenwelt zu erlernen, nämlich zu verhandeln und Kompromisse einzugehen. Also, beim nächsten Geschwisterstreit, im geeigneten Rahmen: Chill out! Behandle den Showdown ruhiger und philosophischer.

Kopfschmerzen

Die Geburt, das Stillen, die Pflege eines Babys, Stress und Überlastung, das alles kann Dir schlimme Kopfschmerzen verursachen. Greife nicht sofort zu Tabletten, vor allem nicht, wenn Du noch stillst.

Es gibt auch andere Möglichkeiten, um Beschwerden zu vermeiden bzw. lindern:

- Achte auf eine richtige Körperhaltung, um Verspannungen in den Nacken- und Rückenmuskeln zu vermeiden.
- Trinke viel Wasser – Dehydration führt oft zu Kopfschmerzen.
- Nimm Dir Zeit zum Entspannen. Höre beruhigende Musik, führe Atemübungen durch, meditiere oder beschäftige

15. Tipps für die Erholung nach der Geburt und in der Elternzeit

Dich mit Deinem Lieblingshobby. Apropos Hobby: Kennst Du die Hobbytherapie?

Im nächsten Kapitel möchte ich Dir einige Hobbys vorstellen, die perfekt für Mütter geeignet sind. Ein gutes Hobby ist wie ein Balsam für die Seele. Es hilft Dir, den Stress zu reduzieren und Dein Leben mehr zu genießen.

16. Hobby-Therapie: Wunderbare Hobbys zur Stressreduktion

16. Hobby-Therapie: Wunderbare Hobbys zur Stressreduktion

Als junge Mama hast Du sicherlich den Eindruck, dass der Stress Dich durchgehend im Alltag begleitet und Dich regelrecht auffrisst. Es gibt viele Möglichkeiten wie man den Alltagsstress reduzieren und den Mental Load vorbeugen kann. Du hast bereits viele Möglichkeiten zur Stressreduktion kennengelernt. Aber es gibt Tage, an denen man einfach keine Lust auf Yoga, Meditation und andere sportliche Aktivitäten hat. Daher möchte ich Dir eine andere Möglichkeit zum Entspannen zeigen: Die Hobbytherapie – eine bewährte Waffe gegen den Stress. Tauche ein in die Welt der Kreativität.

Handarbeiten

Schlechtes Wetter? Keine Lust auf irgendwelche Aktivitäten? Du bist schlecht gelaunt und weißt nicht, wie Du Dich von traurigen Gedanken ablenken sollst? Die Handarbeiten bieten eine hervorragende Möglichkeit, um sich vom Alltag abzulenken und kreativ zu werden. Das Arbeiten mit den Händen stärkt Deine Achtsamkeit, lenkt Dich perfekt von Problemen ab und verlangt, Dich auf einen bestimmten Prozess zu konzentrieren.

Stricken
Dieses alte Volkshandwerk erfordert unglaubliche Konzentration und Ausdauer. Es bringt das Nervensystem in einen Zustand der Ruhe und Harmonie, fördert die Entwicklung der Feinmotorik. Du kannst Dich ausruhen und gleichzeitig etwas Nützliches tun. Wie wäre es mit einem Pullover für Dein Kind oder einer schönen Kuscheldecke?

16. Hobby-Therapie: Wunderbare Hobbys zur Stressreduktion

Nähen

Eine Nähmaschine hilft, wenn Du Dich für eine Weile von alltäglichen Problemen ablenken möchtest. Die Ergebnisse Deiner Arbeit wie zum Beispiel ein maßgeschneidertes Kleid oder schöne Kissenhüllen für das Kinderzimmer geben Dir ein Gefühl der Freude und des Stolzes.

Scrapbooking

Nähen und Stricken ist nichts für Dich? Versuche es mit Scrapbooking. Durch das Dekorieren mit einer Vielzahl von Papierprodukten entsteht ein handgemachtes Meisterwerk, das ein großartiges Geschenk für Familie und Freunde sein kann. Scrapbooking ist ein weitverbreitetes Hobby für Erwachsene, aber auch Kinder ab zwei Jahren können gern mitmachen. Dieses Hobby hat viele Vorteile:

- Durch unterschiedliche Materialien wird die sensorische Wahrnehmung gestärkt.
- Entwicklung der Feinmotorik der Hände.
- Stärkung der Achtsamkeit durch genaues Hinsehen und Wahrnehmen.
- Durch Hinzufügen verschiedener Details und Konstruieren neuer Formen oder Texturen wird die bildliche und räumliche Vorstellungskraft gestärkt.

Makramee

Makramee ist eine Knotenwebtechnik. Du kannst verschiedene Materialien für dieses Hobby verwenden. Wichtig ist dabei die Stärke des Fadens. Mit dicken Fäden werden die Produkte strukturierter, Muster aus dünnen Fäden sind hingegen schlecht sichtbar. Das klassische Makramee wird in Weiß oder Hellbeige gefertigt und hat viele Vorteile:

16. Hobby-Therapie: Wunderbare Hobbys zur Stressreduktion

- Du kannst Einrichtungsgegenstände und Accessoires mit Deinen eigenen Händen erschaffen. Es gibt viele Möglichkeiten für die Verwendung von Makramee: Zum Beispiel Herstellung von Armbändern, Taschen, Teppichen, Wandpaneelen, Tagesdecken und Vorhängen.
- Kleidung im Makramee-Stil eignet sich für diejenigen, die Minimalismus oder Öko-Stil auch im Innenraum lieben. Wie wäre es mit einem tollen Makramee-Poncho?
- Dieses Hobby erfordert keine großen finanziellen Kosten. Teure Ausrüstung wird nicht benötigt.

Fotografieren

Dieses Hobby ist sehr spannend. Durch eine fotografische Linse beginnt der Mensch vertraute Dinge auf neue Weise wahrzunehmen. Der Prozess der Suche nach dem Schönen und des Wartens auf den richtigen Moment, den Du verewigen möchtest, erfordern maximale Konzentration, große Aufmerksamkeit und grenzenlose Geduld. Die Vision und die Sichtweise der Umwelt ändern sich enorm. Dadurch erlangt man die Erkenntnis, dass die kleinen Probleme und Sorgen des Lebens unbedeutend sind. Werde zur Fotografin Deines Kindes und Du wirst viele Dinge mit anderen Augen sehen.

Origami

Obwohl die moderne Origami-Technik bereits Mitte des letzten Jahrhunderts in Japan entwickelt wurde, ist dieses Hobby bei Kindern und Erwachsenen auf der ganzen Welt sehr beliebt. Es macht nicht nur Spaß, es hat auch eine Reihe von Gesundheits- und Entwicklungsvorteilen.

- Dieses Hobby verbessert den Fokus und die Konzentration. Um das gewünschte Ergebnis zu erzielen, sind Ausdauer, Aufmerksamkeit, Genauigkeit und Einhaltung spezifischer Anweisungen erforderlich. Sowohl Kinder als auch Erwachsene können mithilfe von Origami Geduld, Fleiß, Willenskraft und gleichzeitig Selbstwertgefühl erlernen.
- Wenn eine schöne Figur aus einem gewöhnlichen Blatt Papier entsteht, erfährt der Mensch eine emotionale Befriedigung. Positive Emotionen können helfen, Stress und Angst zu überwinden. Zudem ist der Prozess der Arbeit mit Papier sehr monoton und beruhigt das Nervensystem spürbar.
- Origami hilft nicht nur, Stress zu bekämpfen und mentale Fähigkeiten zu entwickeln, sondern baut auch Selbstvertrauen und Entschlossenheit auf. Wer dieses Hobby mag, ist immer klar auf das Ergebnis fokussiert. Um dies zu erreichen, müssen alle Aktionen sorgfältig, korrekt und konsequent durchgeführt werden.
- Origami bietet eine einfache Möglichkeit, um sich zu entspannen und dem Alltag zu entfliehen. Eine solche Ruhe ist nicht nur für die Gesundheit von Vorteil. Dies ist eine wunderbare Freizeitbeschäftigung für die ganze Familie.

Du weißt nicht welches Hobby zu Dir am besten passt? Ich helfe Dir, dies herauszufinden. Denn das richtige Hobby ist ein gutes psychotherapeutisches Instrument und kann sich sehr positiv auf die Stressbewältigung auswirken.

16. Hobby-Therapie: Wunderbare Hobbys zur Stressreduktion

Jeder Mensch hat sein eigenes Talent, seine Leidenschaft, die er auch ausleben sollte. Versuchen wir gemeinsam herauszufinden, welches Hobby zu Dir am besten passt.

Hilfreiche Tipps zur Auswahl eines Hobbys

Wenn Du Dir unsicher bist, welches Hobby für Dich am besten geeignet ist, können Dir folgende Tipps helfen:

- Erstelle eine Liste, schreibe alles auf, was Dir in den Sinn kommt und was Du schon als Kind gerne gemacht hast. Analysiere jede Aktivität und wähle eine oder zwei aus, die Dir am besten gefallen. Wenn Du Dich nicht entscheiden kannst, gruppiere die Aktivitäten. So gehören beispielsweise das »Gedichte schreiben« und das »Lesen« zu einem literarischen Tätigkeitsbereich.

- Versuche ein Hobby zu definieren, das zu Deinen Charakterzügen passt. Bist Du kreativ, dann ist vielleicht Malen etwas für Dich. Bist du geduldig – wie wäre es mit dem Stricken? Magst Du neue Dinge entdecken? Die Fotografie bietet genau diese Möglichkeit. Magst Du Aktion? Es gibt eine Vielzahl von Extremsportarten.

- Hobbys können intellektuell oder explorativ, handwerklich und kreativ sein. Du solltest Dich nicht von Modetrends leiten lassen, es ist besser, eine Aktivität zu wählen, die zu Dir und zu Deinen Charaktereigenschaften passt und Dir die Möglichkeit gibt, Deine Fantasien auszuleben.

16. Hobby-Therapie: Wunderbare Hobbys zur Stressreduktion

Vergiss nicht: Ein Hobby soll Spaß machen, Freude bereiten und entspannen. Niemand verpflichtet Dich ein bestimmtes Hobby auszuüben.

- Verwende für Dein Hobby hochwertige Materialien und bewährte Werkzeuge. Lass die Sportausrüstung die beste und das Strickgarn von höchster Qualität sein. Kritisiere Dich nicht übermäßig. Es funktioniert nicht immer alles auf Anhieb. Akzeptiere das, nur so wird Dir Dein Hobby viel Freude bereiten.

- Interessiere Dich für neue Trends und erweitere Deinen Horizont. Probiere neue Sachen aus, verbessere die Qualität der Materialien. Verbinde Dich mit Gleichgesinnten. Ein Austausch ist hilfreich und fördert die Kreativität.

- Manche sind davon überzeugt, dass es Menschen ohne Hobbys gibt. Ich bin definitiv nicht dieser Meinung. Einer kümmert sich gern um das Haustier, ein anderer liebt es, köstliche Gerichte zu kochen oder am Computer zu spielen. Alle diese Aktivitäten sind Hobbys. Wenn ein Mensch seiner Lieblingsbeschäftigung nachgeht, in diesem Moment das Leben genießt und sich von allen mentalen Sorgen entspannt, ist es Gold wert. Ich liebe es zu schreiben, zu fotografieren und zu reisen. Diese Aktivitäten entspannen mich, ich vergesse dabei die Welt um mich herum und tauche in die unendliche Welt der Kreativität. Die Reisen inspirieren mich, geben mir die Möglichkeit neue Erfahrungen zu sammeln und viel Neues zu lernen.

16. Hobby-Therapie: Wunderbare Hobbys zur Stressreduktion

Wie hat Dir unsere Reise gefallen? Ich fand sie toll! Vielen Dank, dass ich Dich begleiten durfte. Bevor ich mich verabschiede, möchte ich noch kurz zurückblicken.

Unsere Reise in das Reich der Achtsamkeit ist vorbei…

Nun sind wir fast am Ende unserer spannenden Reise angelangt. Mit einem weinenden und mit einem lachenden Auge. Einerseits ist es irgendwie traurig, dass unsere gemeinsame Zeit vorbei ist, andererseits gehen unsere Reisen weiter, in die wunderbare Welt namens Mutterschaft. Eine Welt mit guten und weniger guten Tagen. Aber weißt Du was? Die weniger guten Tage machen uns nichts aus. Denn jetzt wissen wir, wie wir damit umgehen können. Nicht wahr? Lass uns noch einmal reflektieren, was wir auf unserer gemeinsamen Reise erlebt haben.

Wir haben gelernt
- die Rolle der Mutter zu verstehen
- die Stressfaktoren im Familienalltag zu identifizieren
- unseren Stresslevel zu ermitteln und zu reduzieren

Wir können jetzt
- achtsam und bewusst durch das Leben gehen
- unsere Bedürfnisse, Gefühle, Gedanken richtig wahrnehmen und befriedigen
- entspannter mit den Alltagssorgen umgehen

16. Hobby-Therapie: Wunderbare Hobbys zur Stressreduktion

Wir wissen nun,
- wie wichtig die Achtsamkeit für die Stressbewältigung ist.
- dass Meditation, Aromatherapie, Yoga, Sport und Hobbys eine wichtige Rolle im Entspannungsprozess spielen.
- dass die bewusste Wahrnehmung im Alltag essenziell für unsere psychische und physische Gesundheit ist.

Kannst Du Dich noch an den Test »Bewertung Deines Mental Load und des Stressniveaus« erinnern? Hast Du Deine Punkteanzahl notiert? Nun möchte ich Dich bitten bewusst zu reflektieren und diesen Test noch einmal durchzuführen, so kannst Du Deine persönliche Entwicklung sehen.

Und? Konntest Du eine Verbesserung in Deinem Stressniveau feststellen? Ich freue mich sehr, wenn es der Fall ist. Mach weiter und bleib nie stehen. Je mehr Du Dich mit Achtsamkeit und mit Entspannungsübungen beschäftigst, desto gelassener wirst Du sein.

Gibt es keinen Unterschied oder hat sich Dein Stresslevel gar erhöht? Das kann passieren. Verzweifle nicht und setz Dich nicht unter Druck. Jeder Mensch ist individuell. Bei einem geht es schnell, ein anderer braucht mehr Zeit. Versuche eine achtsame Lebensweise zu entwickeln, täglich zu entspannen und Du wirst sehen, dass Dein Leben sich in naher Zukunft zum Positiven verändern wird.

16. Hobby-Therapie: Wunderbare Hobbys zur Stressreduktion

Ich hoffe, dass…

… Dir meine Erfahrung sowie mein Wissen als erfahrene Psychologin, Pädagogin und zweifache Mutter geholfen haben.

… Du nun entspannter mit den Sorgen und Problem des Mama-Alltags umgehen kannst.

… dieses Buch zu gesellschaftlicher Aufklärung verhilft und dass die Mutterrolle mehr Akzeptanz, mehr Verständnis und mehr Respekt gewinnt.

Ich wünsche Dir alles Gute. Du bist eine tolle Mutter, eine attraktive Frau, ein Sonnenschein, der seiner Familie viel Wärme und Geborgenheit schenkt.

»Wir entscheiden selbst, wie wir unser Leben erleben möchten. Es liegt in unserer Hand«.

Wenn Du in die Augen Deines Kindes schaust,
was fühlst Du?

Eine innere Verbindung, die für die Ewigkeit hält?

Glück?

Geborgenheit?

Unendliche Mutterliebe?

Ja, unendliche Mutterliebe.

Noch eine kleine Bitte

Liebe Leserin, lieber Leser,
egal auf welchem Wege Dich dieses Buch erreicht hat, bedanke ich mich recht herzlich, dass Du es gelesen hast!

Für mich war die Arbeit an diesem Werk eine Reise zu mir selbst, begleitet von Stolpersteinen und Freudentränen.

Ich hoffe, ich kann Dir mit meinem Buch Mittel und Wege an die Hand geben, um Deinen Familienalltag mit mehr Gelassenheit und Leichtigkeit zu gestalten.

Welche Übung hat Dir besonders geholfen? Konntest Du bereits Veränderungen in Deinem Alltag wahrnehmen?

Der Kontakt zu meinen Leserinnen und Lesern liegt mir sehr am Herzen. Darum würde ich mich über eine Rezension von Dir auf Amazon freuen. Gerade als junge Autorin sind Leserbewertungen und Weiterempfehlungen äußerst wichtig. Dein Feedback hilft meinem Buch, von anderen gestressten Mamas gefunden zu werden und die Welt ein klein wenig achtsamer zu machen.

Ich wünsche Dir eine wundervolle und harmonische Zeit mit Deinen Lieben!

Vielen Dank
Katharina Rosenthal